De Smet Vermeulen architecten

De Smet Vermeulen architecten
Gent

Quart Verlag Luzern

De Smet Vermeulen architecten
12. Band der Reihe De aedibus international
Volume 12 of the series De aedibus international

Herausgeber/Edited by: Heinz Wirz, Luzern
Konzept/Concept: Heinz Wirz; De Smet Vermeulen architecten, Gent
Projektleitung/Project management: Quart Verlag, Linus Wirz
Vorwort/Foreword: Irénée Scalbert, London
Textbeitrag/Article by: Hans van der Heijden, Amsterdam
Objekttexte/Project descriptions: De Smet Vermeulen architecten
Textlektorat Deutsch/Text editing (German translation): Miriam Seifert-Waibel, Hamburg
Übersetzung Niederländisch–Deutsch/Dutch–German translation:
Judith Grützbauch, Amsterdam
Übersetzung Englisch–Deutsch (Vorwort)/English–German translation (Foreword):
Christian Rochow, Berlin
Übersetzung Niederländisch–Englisch (Objekttexte)/Dutch–English translation (Project descriptions): Robyn de Jong-Dalziel, Melbourne
Fotos/Photos: Kristien Daem S./p. 70 (Bild/image 3), 71 (Bild/image 4);
Michiel De Cleene S./p. 32, 34 (unten/below), 35(oben/up); Dennis De Smet S./p. 2, 5, 7, 34 (oben/up), 37–42, 62–69, 71 (Bild/image 7), 73 (Bild/image 11, 13); Filip Dujardin S./p. 10, 12–13, 24–27, 43–61, 70 (Bild/image 1), 71 (Bild/image 5), 72 (Bild/image 8), 73 (Bild/image 12); Bart Gosselin S./p. 72 (Bild/image 9); Frederick Vercruysse S./p. 18–23, 28, 30, 35 (unten/below); Bert Ydiers S./p. 71
Archiv/Archive HDSPV: S./p. 8–10; 11 (oben/up), 15, 24 (links/left), 29, 71 (Bild/image 6)
Visualisierungen/Graphics: Animotions S./p. 72; Infunctievan S./p. 73
Grafische Umsetzung/Graphic design: De Smet Vermeulen architecten;
Quart Verlag, Linus Wirz
Druck/Printing: DZA Druckerei zu Altenburg GmbH

ISBN 978-3-03761-128-9

Dit boek wordt ook uitgegeven in Nederlands-Frans/Egalement publié en néerlandais-français (ISBN 978-3-03761-137-1)

Quart Verlag GmbH
Denkmalstrasse 2, CH-6006 Luzern
books@quart.ch, www.quart.ch

Vorwort
Irénée Scalbert*

Das erste Projekt, das ich von De Smet Vermeulen besichtigte, war die Villa Braeckman-Staels in Flandern. In einer Publikation hatte ich Zeichnungen und Fotografien dieses Hauses gesehen. Aus der Perspektive der Londoner Architekturszene, der ich damals angehörte, erschien dieses Projekt vertraut. Es erinnerte an das Sugden House von Alison und Peter Smithson, ein Projekt, bei dem aus der Not der bescheidenen Vorstadtlage eine Tugend gemacht worden war. Es bezog sich auf eine postmoderne Figur: auf den Entwurf formal nicht aufeinander bezogener Fassaden, die jeweils an einen anderen Aspekt des Geländes anschliessen. Darüber hinaus griff das Projekt auf eine Kompositionsweise zurück, welche sich grob als «organisch» beschreiben lässt und an die komplexen Häuser erinnert, die Hans Scharoun in den 1930er Jahren gebaut hat.
Es hatte einige Kontakte zwischen Henk De Smet und Paul Vermeulen mit ihren englischen Kollegen gegeben. Doch in den späten 1990er-Jahren erschien mir in der realen Betrachtung die Villa Braeckman-Staels doch als sehr anders. Die Bezüge zu älteren Gebäude waren weniger klar, als ich gedacht hatte. Keiner drängte sich wirklich auf. Was scheinbar postmodern und organisch war, löste sich in ein räumliches Spiel von erstaunlicher Virtuosität auf – besonders eindrucksvoll in den komplexen Abschnitten des Hauses. Bei weniger begabten Händen würde ein derartiges Spiel zu Räumen führen, die die Aufmerksamkeit auf sich lenken. Aber in diesem Haus gab es kein erinnerbares Merkzeichen, es gab keinen Blickpunkt, von dem aus sich der spektakuläre Charakter des Entwurfs ganz hätte erfassen lassen.
Dieses Haus sperrt sich der Beschreibung. Bis heute kann ich gedanklich die Gliederung der Räume oder deren Abfolge nicht rekonstruieren. Dennoch – und das ist der entscheidende Punkt – fügen sich nur wenige Häuser, die ich besichtigt habe, leichter ihrem Entwurf. Nichts erscheint erzwungen – nichts ist erzwungen. Kein Teil fordert für sich Aufmerksamkeit; vielmehr haftet das gesamte Haus aufgrund seiner einzigartigen Atmosphäre in der Erinnerung. Der Schlüssel scheint in einer spontanen Empathie der Architekten für den Bauherrn zu liegen, die den Vorrang gegenüber dem Wunsch erhielt, eine architektonische Aussage zu statuieren. Und darin zeichnen sich De Smet und Vermeulen, wie ich mich lebhaft erinnere, gegenüber ihren Zeitgenossen aus.
Aber man sollte sich nicht täuschen: Der kulturelle Bezug von De Smet und Vermeulen ist keineswegs weniger stark vorhanden als bei anderen Architekten ihres Range. Vielmehr meine ich, dass er besonders tiefgründig ist und genau aus diesem

* Irénée Scalbert ist Architekturkritiker und lebt in London. Er ist Autor der Bücher *A Right to Difference: The Architecture of Jean Renaudie* (2004) und *Never Modern* (2013) sowie von Aufsätzen zur Nachkriegsarchitektur und weiteren Themen. Er lehrt an der Architectural Association und wirkte als Gastdozent an der GSD in Harvard sowie als Sigfried-Giedion-Professor in Paris-Malaquais. Gegenwärtig bekleidet er eine Gastdozentur am SAUL in Irland sowie eine Gastprofessur am Mailänder Politecnico.

Foreword
Irénée Scalbert*

The first project by De Smet Vermeulen I visited was the Braeckman-Staels villa in Flanders. I had seen drawings and photographs of it in a publication. From the perspective of the London architecture scene which then was my own, this project seemed familiar. It recalled the Sugden House by Alison and Peter Smithson, a project which made a virtue of its modest suburban circumstances. It referred to a postmodern trope: the design of formally unrelated façades, each corresponding to a different aspect of the site. Moreover the project resorted to a method of composition loosely described as organic, bringing to mind the complex houses built by Hans Scharoun in the 1930s.
Some contact had taken place between Henk De Smet and Paul Vermeulen and their English counterparts. But in the late 1990s the reality of the Braeckman-Staels house struck me as different. References to buildings from the past were less obvious than I had anticipated. Indeed none imposed itself. What had seemed postmodern and organic was absorbed in a spatial play of striking virtuosity – most impressively in the complex sections of the house. In less talented hands, such a play would lead to spaces that attract attention to themselves. But in the house, it produced no memorable vignettes, no viewpoint from where to enjoy the spectacular character of the design.
The house does not lend itself easily to description. To this day, I cannot reconstruct in my mind the configuration of its spaces or the sequence of its rooms. Yet – and this is the crucial point – few houses that I have visited wear their design more lightly. Nothing seemed forced – nothing is forced. No part demands attention. Rather it is the whole house that is remembered for its unique atmosphere. The key to this seems to be a spontaneous empathy on the part of its architects with their clients, and it is allowed to prevail over the desire to make an architectural statement. In this, as I vividly remember, De Smet and Vermeulen stood out among their contemporaries.
But make no mistake: De Smet and Vermeulen's culture is no less extensive than their peers'. Indeed it still feels to me as being especially profound and it is for this reason that it cannot be clearly referenced in the architecture itself. True culture seldom reveals itself fully to consciousness in the objects which it informs. Moreover it is the lesser part of the architects' baggage. Culture clearly matters to De Smet and Vermeulen, but civility matters even more. Dialogue, understanding and empathy are key.
Their entire body of work bears evidence to this,

* Irénée Scalbert is an architecture critic and historian based in London. He is the author of *A Right to Difference: The Architecture of Jean Renaudie* (2004), *Never Modern* (2013) and essays on post-war architecture and other subjects. He has taught at the Architectural Association, was a Visiting Design Critic at the GSD at Harvard, and the Sigfried Giedion Professor at Paris-Malaquais. He is currently a Visiting Lecturer at SAUL in Ireland and a Visiting Professor at the Politecnico in Milan.

Grund in der Architektur nicht klar aufgespürt werden kann. Wahre Kultur enthüllt sich in den Objekten, die sie gestaltet, nur selten vollständig dem Bewusstsein des Betrachters. Überdies ist sie nur der geringere Teil im Gepäck der Architekten. Kultur hat für De Smet und Vermeulen eindeutig eine Bedeutung, aber Verbindlichkeit eine noch grössere. Dialog, Verständigung und Empathie sind die Schlüssel.

Dies zeigt sich in ihrem gesamten Œuvre – von der Villa Braeckman-Staels bis zum Intergenerationenprojekt Linker Oever (IGLO) in Antwerpen. Es gibt keine plötzlichen, durch einen Wandel der Moden verursachten Veränderungen, keine Einfälle, die entwickelt wurden, um Medienaufmerksamkeit zu erregen. Bauaufträge sind bei ihnen kein Vorwand für Experimente, vielmehr werden Experimente durch Bauaufträge angeregt und gerechtfertigt. De Smet und Vermeulen sind keine Eigenbrötler. Sie sind äusserst einfühlsam, auffällig bescheiden und verpflichten sich langfristig.

Ihr Ansatz ist, im besten Sinne dieses Begriffs, von Unschuld geprägt. Aber während heute manche jüngere Architekten nach diesen Eigenschaften streben und in den reinen Formen ihrer Entwürfe zeigen, bestehen De Smet Vermeulen nicht auf diesen. Reinheit ist ein Seelenzustand, *un état d'âme*, ehe sie zu einer Formqualität werden kann. Der Architekt ist ein Beruf, der im Zwiespalt steht. Sie ist in der Gesellschaft verwurzelt und in den verworrenen Prozessen, die deren Bestehen und Zusammenhalt bewirken. Sie ist das Ergebnis eines langwierigen Dialogs und soll nur bis zu dem Punkt rein sein, wo die Bedeutsamkeit und die Transparenz dieses Dialogs bestehen bleiben.

London, Februar 2016

from the Braeckman-Staels house to the IGLO projects in the Linkeroever district of Antwerp. There is no sudden shift prompted by changes in fashion, no caprice designed to draw the attention of the media. Commissions are not pretexts for experiments. Rather experiments are prompted and justified by commissions. De Smet and Vermeulen are not mavericks. They are acutely sensitive, strikingly modest and make long-term commitments.

In the best sense of the term, their approach is marked by a quality of innocence. But whereas this quality sought today by some younger architects is demonstrated by them in the pure forms of their designs, De Smet and Vermeulen do not insist on the latter. Purity is a quality of soul, *un état d'âme*, before it can be a quality of form. Architecture is a conflicted profession. It is rooted in society and in the tortuous processes which sustain it and maintain its cohesion. It is the result of a protracted dialogue and it shall only be pure to the extent that this dialogue can be made meaningful and transparent.

London, February 2016

Handwerkliches Können

Hans van der Heijden*

Die Eingangstür des Genter Architekturbüros De Smet Vermeulen an der Apostelhuizen ist eine einfache Glastür mit einem Holzbrett als Türgriff. Die Klingel ist in der Laibung des Fassadenmauerwerks aus getönten Formziegeln untergebracht. Infolge des Herstellungsprozesses weisen die Ziegel Unregelmässigkeiten auf, hie und da befinden sich Tonreste auf ihren Stirnseiten. Das Mauerwerk ist nicht verfugt, wobei die Fugen selbst nicht gleichmässig ausgeführt wurden. Einzelne Ziegel liegen etwas schiefer als andere. Der vertikale Briefschlitz wurde schräg in den Kreuzverband des Mauerwerks – der eine Notwendigkeit bei der Herstellung von Vollziegelwänden darstellt – eingesägt. Direkt daneben verläuft ein Regenrohr aus Metall. Oberhalb des Briefschlitzes ist in eine der Lagerfugen des Mauerwerks eine Abdeckleiste aus dem gleichen Metall eingelassen, die hinter dem Regenrohr hindurchläuft. Für die Lagerfuge wurde ein farblich abweichender Mörtel verwendet. Das Metallprofil selbst hat die Heftigkeit der Rohbauphase nicht unversehrt überstanden. Vielleicht wurde es von der Schuhspitze eines Bauarbeiterstiefels oder von einem lose liegenden Gerüstteil verbogen. Neben der Tür wächst ein Strauch aus dem Bürgersteig. Klingel, Briefschlitz, Entwässerungsprofil, Regenrohr und Türgriff bilden ein wie spontan entstandenes architektonisches Ensemble in der Apostelhuizen. Darüber hinaus weist der Eingangsbereich keinerlei Ausschmückung auf. Trotzdem ist der Besucher ausreichend informiert. Derjenige, der auf die Klingel drückt, weiss, dass er ein Architekturbüro betreten wird, in dem man sich Gedanken über die Bauausführung macht. Wer perfekte Stahlkonstruktionen und Spiegelglas erwartet, der ist hier an der falschen Adresse.

In seinem Essay «Mehrsprachigkeit, Entwurfsmethoden und Ästhetik in nordwesteuropäischer Architektur» unternimmt Christoph Grafe den Versuch, die Architekturproduktion im heutigen Belgien zu deuten. Der Begriff des handwerklichen Könnens ist dabei offenbar essenziell, denn das Wort kommt mehrmals vor. Grafe beschreibt «ausgezeichnetes handwerkliches Können» hier als ein Gefühl subtiler Melancholie, als Erinnerungen an «handwerkliche Traditionen», die in einer städtischen Kultur wurzeln, «die von Anbeginn an mit der Stadt Gent lokal verbunden war und sich auf persönliche Kontakte mit Privatkunden, Künstlerfreunden, kulturellen Aktivisten und, was entscheidend war, auf ein dichtes Netzwerk im regionalen Baugewerbe stützte. [...] Hier handelte es sich um ein gegenseitiges Einverständnis, einen Dialog, der auf vor langer Zeit geschmiedeten Beziehungen aufbaut, wobei ein Vokabular gebildet und erprobt wird und im Idealfall

Craftsmanship

Hans van der Heijden*

The front door of the De Smet Vermeulen firm of architects on Apostelhuizen in Ghent is a simple glass door with a plank of wood serving as the door handle. The bell is placed in the brickwork reveal. Traces of clay residue resulting from the irregularity of the production process can be seen on some of the brick heads. The masonry has not been pointed. Nor are the joints that even. Some of the bricks have been placed less neatly than they might have been. The cross-bonding of the masonry, necessary for the construction of a full brick wall, has been obliquely sawn into to create a vertical letterbox. A metal drainpipe passes close-by alongside it. Above the opening there is a strip of the same material that has been embedded into a bed joint of the brickwork and runs behind the drainpipe. The bed joint has been pieced-in using a different colour mortar. The metal strip itself does not appear to have survived the building work unscathed. Bent, perhaps, by the steel cap of a builder's boot or a loose scaffolding plank. Alongside the door a shrub sprouts from the pavement. Bell, letter box, metal flashing, drainpipe and door handle comprise an *ad hoc* architectural figure on Apostelhuizen. The entrance is otherwise unadorned. Visitors are nevertheless properly informed. Those who press the bell know that they are entering an architect's office where thought is given to the site processes. Anyone looking for polished structures made from steel and glass is in the wrong place.

In the essay "Multilingualism, Design Methods and Aesthetics in North Western European Architecture", Christoph Grafe attempted to elucidate architectural design in contemporary Belgium. The notion of craftsmanship is considered to be instrumental to this, because the word is used fairly often. Grafe sees "exquisite, craftsmanship [...] conveying a sense of a delicate melancholy, a reminder of what artisanal traditions rooted in urban cultures can achieve. [...] This was a local architectural culture from the outset. It focused on Ghent and relied on personal connections with private clients, artist friends and cultural activists and, crucially, a close network of contacts in the regional building trade. [...] There is a rapport, a conversation, built on long-standing relationships and a vocabulary that has been mutually established [...] one in which, ideally, only a few words are sufficient to achieve a common ground."[1]

It doesn't say that, but here Grafe paints a picture of a practice in which the craftsmanship of the architect naturally dovetails with that of the simple artisan who, with cap in hand, is incapable of doing anything but good. This is dangerously close to

* Hans van der Heijden (geb. 1963 in Den Haag) ist Architekt. Er ist Mit-Begründer des Rotterdamer Architektenbüros biq. Von 1994 bis 2014 war er bei diesem Büro kreativer Geschäftsführer. 2014 zog er nach Amsterdam, um sein eigenes Büro Hans van der Heijden Architect zu gründen und seine Arbeit als selbstständiger Architekt fortzusetzen. Er ist Redakteur des Niederländischen Architekturjahrbuchs *Nederlandse Jaarboek Architectuur*. Er publizierte Artikel in diversen Fachzeitschriften sowie die Bücher *Architectuur in de kapotte stad* [Architektur in der kaputten Stadt] und *Habitat*. 1996 gewann er den Europan-4 Wettbewerb für junge Architekten. Im Namen der AIR-Foundation in Rotterdam organisierte er die Debattenreihe *ArchitectuurCases*. Er war Gastprofessor für nachhaltigen Städtebau an der Universität von Cambridge und Visiting Fellow des Jesus College in Cambridge.

* Hans van der Heijden [born in The Haag, 1963] is an architect. He co-founded the Rotterdam architects' office biq. From 1994–2014 he was Design Director at this firm. In 2014 he moved to Amsterdam to set up his own practice Hans van der Heijden Architect and continue his work as an independent architect. He is Editor of the *Nederlandse Jaarboek Architectuur* [Dutch Architecture Yearbook]. He has published articles in various journals as well as the books *Architectuur in de kapotte stad* [Architecture in the broken city] and *Habitat*. In 1996 he won the Europan-4 competition for young architects. On behalf of the AIR Foundation in Rotterdam he organised a series of debates entitled *ArchitectuurCases*. He was a Guest Lecturer on Sustainable Urban Design at the University of Cambridge and a Visiting Fellow at Jesus College, Cambridge.

wenige Worte ausreichen, um zu einem gemeinsamen Ausgangspunkt zu kommen.»[1]
Es steht hier nicht explizit, aber Grafe beschreibt eine Praxis, in der das handwerkliche Können des Architekten nahtlos übergeht in das des einfachen Handwerkers, der mit der Mütze in der Hand nur Gutes liefern kann. Er kommt dabei den Sehnsuchtsballaden der Volkssänger gefährlich nahe, welche die idyllische Welt von früher beweihräuchern. «Früher wurde auf der Strasse gesungen und gepfiffen, hatte der Metzgersjunge immer eine Oper parat, stand der Maurer singend auf dem Gerüst und streckte der Milchmann pfeifend seine Milch mit Wasser.»[2] Und so weiter.

Auch ohne mit anderen Klischees aufzuwarten – etwa dem einer Branche mit rauen sexistischen Umgangsformen, in die Innovationen nur langsam Eingang finden –, kann nicht genug betont werden, dass die Baustelle heutzutage eine industrialisierte Arbeitsstätte ist. Dort wird genauso viel oder wenig gesungen wie früher. Historisch gewachsene Selbstverständlichkeiten und Konsens sind eher die Ausnahme als die Regel. Sollte Architektur mehrsprachig geworden sein, dann gilt das für das gesamte Baugewerbe. Auch die ausführenden Baubetriebe unterscheiden sich hinsichtlich Fachkenntnisse, Grösse und Ausmass der Industrialisierung, Marktorientierung sowie kooperativen und kommunikativen Fähigkeiten. Der Trend zu immer mehr Montagetätigkeit auf der Baustelle ist deutlich, wobei in grossem Umfang Subunternehmer eingesetzt werden und die Baustelle von Arbeitern unterschiedlichster Betriebe bevölkert wird. Das heimliche Strecken der Milch hat vollkommen andere Ausmasse angenommen und seine pfeifende Unschuld verloren. Dem werden auf neue Weise Grenzen gesetzt. Es war nie anders: Das handwerkliche Können des Architekten zeigt sich unter anderem in der Fähigkeit, mit seinem unzureichenden handwerklichen Können auf der Baustelle umzugehen. Heutzutage leitet der Architekt den Bauprozess auf Abstand. Das Instrumentarium hierbei sind die Leistungsbeschreibung, gelegentliche Kontrollen auf der Baustelle, die Überprüfung, ob die Vorschriften eingehalten werden, die Qualitätskontrolle durch Zertifikate, Qualitätsbescheinigungen und Garantien. Und selbst diese Werkzeuge liegen bei der heutigen Arbeitsteilung bei Weitem nicht immer in den Händen des Architekten.

Dabei kann es der Architektenstand bewenden lassen. Oder aber man kann Zuflucht suchen in einem Spiel der Einflussnahme ohne Mandat. In diesem Fall bringt der Entwurf höchstens zufällig bautechnische Glanzleistungen hervor und tut der Architekt gut daran, von den Konventionen des Bauens und ihren Stärken und Beschränkungen auszugehen. Aber von welchen Konventionen eigentlich? Wenn die Architekturproduktion anhand des handwerklichen Könnens beurteilt werden soll, stellen sich einige Fragen.

the nostalgia evoked by folk singers who seek to idolize times past. "In the good old days people sang or whistled in the street, the butcher's boy still had an aria up his sleeve, the bricklayer at work on the scaffolding was allowed to sing, and the milkman whistled as he diluted his milk a little."[2] And so on.

Without even addressing other clichés – for example that of a sector that is slow to innovate and whose conventions are frankly sexist – it cannot be overemphasized that the modern construction site is an industrialized work floor where people still sing as much or as little as they ever did. Historically forged accord and consensus is the exception rather than the rule. If architecture has become multilingual then this also applies to the building industry as a whole. The construction companies are also wide-ranging in terms of expertise, size, degree of industrialization, market approach, cooperation and communication skills. A prevailing trend is towards an assembly practice in which subcontractors are extensively used and the building site is populated with the workforce of various companies. The furtive dilution of the milk has taken on quite different proportions and lost all of its innocence. New ways of curbing excesses have been found. It has never been otherwise. The craftsmanship of the architect also includes the ability to deal with a shortage of skills on the construction site. Today's architect manages the production process from a distance. The instruments for this are the contractual documents, occasional site visits, checking products and structures against the regulations, and quality control provided by certification and guarantees. And today's division of labour means that even these areas are no longer always the preserve of the architect.

[1] Christoph Grafe, «Veeltaligheid, ontwerpmethodes en esthetiek in een Noordwest-Europese architectuur» [Mehrsprachigkeit, Entwurfsmethoden und Ästhetik in nordwesteuropäischer Architektur], in: *Architectuurboek Vlaanderen* [Architekturbuch Flandern] Nr. 11, 2014, S. 289 ff. Die Beantwortung der interessanten Frage nach Freud und Leid der Entwurfsmethodik im mehrsprachigen Belgien bleibt Grafe schuldig, zumindest was die Aspekte der Produktion anbelangt. In der Architekturbetrachtung dieses Buchs wirkt die idealisierte Vorstellung des Begriffs «handwerkliches Können» dennoch selektiv. So werden beispielsweise keine umfangreichen Infrastrukturprojekte oder Gebäude mit gewerblicher Nutzung behandelt.
[2] Herman van Veen, «Hilversum 3».

[1] Christoph Grafe, "Veeltaligheid, ontwerpmethodes en esthetiek in een Noordwest-Europese architectuur", in: *Architectuurboek Vlaanderen* No. 11, Vlaams Architectuurinstituut, Antwerp 2014, p. 289 ff. Grafe never gets round to answering the interesting question of the ins and outs of the design methods used in multilingual Belgium, at least not with respect to production aspects. The idealized representation of the notion of craftsmanship in this essay on architecture was generally selectively applied in this book. No large scale infrastructural or commercial projects, for example, were included.
[2] Herman van Veen [Dutch stage performer], "Hilversum 3" [song].

Welches handwerkliche Können ist damit gemeint: das des Autors oder das des ausführenden Handwerkers? Wie verhalten sich diese beiden zueinander? Wie verhält sich das handwerkliche Können des Planers bei der Arbeitsteilung gegebener Produktionsverhältnisse? Und wie verhält sich dieses handwerkliche Können zu den bauwirtschaftlichen Bedingungen (Finanzierung, Abschreibung, Ertragskraft, Betriebsführung, Auftragserteilung usw.) des jeweiligen Auftrags, der dem Entwurf zugrunde liegt?
So betrachtet, erhält die Eingangssituation in der Apostelhuizen eine besondere Dimension. Dabei muss berücksichtigt werden, dass der Architekt in diesem Fall auch Auftraggeber und Geldgeber war. Bei der Ausführung wurde mit einer kleinen Baufirma zusammengearbeitet, mit der das Büro gute Kontakte unterhält. Wenn es ein Projekt im Gesamtwerk von De Smet Vermeulen gibt, bei dem der Architekt maximalen Einfluss hatte und eine optimale Bauüberwachung möglich war, dann war es dieses. Deshalb kann davon ausgegangen werden, dass die Unvollkommenheiten, denen der Besucher des Büros im Eingangsbereich begegnet, so gewollt sind.
Das geht auch aus der näheren Betrachtung der Fassaden und des Interieurs hervor. Hohe schalungsraue Sichtbetonträger überspannen den Raum. Die Träger tragen nur sich selbst und die Holzfenster. Das Mauerwerk wurde tatsächlich in Vollziegelbauweise ausgeführt, denn die Wände müssen die Last der Träger aufnehmen. Dort, wo notwendig, wurden galvanisierte Zwischenstützen aufgestellt. Die Elementdecke des ersten Obergeschosses und die Hohldielendecke des zweiten Obergeschosses sind an der Unterseite und bei den Treppenöffnungen unverkleidet sichtbar. Die tragenden Ziegelwände sind weiss gestrichen. Insbesondere die stabilsten Teile dieses Gebäudes wurden vorsätzlich roh ausgeführt. Und gerade diese Bauteile bilden im wahrsten Sinne des Wortes das Schema dieses Gebäudes, in dem die Typologie, das Masssystem, die Proportionen sowie die Materialität festgelegt sind.[3] Man könnte sagen, dass das Gebäudeschema einen starren Entwurfsrahmen bildet, innerhalb dessen die bauliche Ausführung und letztlich die Inbesitznahme des Gebäudes durch die Nutzer zum Abschluss gelangen. Das Schema verfügt dabei über ein eigenes schöpferisches Potenzial. In diesem Fall sorgen die deutlich sichtbaren Fassadenträger dafür, dass das wohnartige Volumen die Züge eines Nutzbaus erhält. Es handelt sich deutlich erkennbar um ein Atelier oder eine Arbeitsstätte und definitiv nicht um ein Wohnhaus.
Die Inneneinrichtung weist eine deutlich mildere Taktilität auf. Die Einbaumöbel bestehen aus unbehandelten MDF-Platten und sind in Präzisionsarbeit gefertigt. Die Wangen der zum Dachboden führenden Eisentreppe bestehen aus Standard-U-Profilen. Gebogene Metallstreifen umfassen Holzstufen und Geländer in einer einzigen schwungvollen Bewegung.

Architects may leave it at that or they can resort to a game of influence without mandate, in which event the design will be one of architectural ingenuity only by coincidence. The architect would do well to apply the conventions of building, with all their strengths and limitations. But what are these conventions, precisely? If the production of architecture is to be critiqued on the basis of craftsmanship this then raises questions. What type of craftsmanship are we talking about here, that of the author or that of the builder? What is the relationship between these two? How is the craftsmanship of the architect expressed in the division of labour under current production conditions? And how does this relate to the economic considerations (finance, depreciation, exploitation, earning capacity, commissions, etc.) in the context of the assignment for which the design was made?
Looked at in these terms, the entrance on Apostelhuizen needs to be seen in a different perspective. It should be remembered, of course, that in this case the architect was also the client and financier. A contractor that the firm sometimes calls upon was used. If there was any project in the entire oeuvre of De Smet Vermeulen where the architect had the greatest mandate and complete control over the production process, then it was here. It must be assumed therefore that the imperfections observed by visitors at the entrance to the office are deliberate.
This becomes all the more apparent upon closer inspection of the façade and the interior. High, concrete beams made with rough formwork span from one load-bearing wall to the next. The beams bear only themselves and the wooden window frames. The brickwork is indeed a full brick wall because it has to take the weight of the beams. Where necessary, galvanized columns have been added in between. The wide-slab floor on the first floor and the hollow-core beam floor on the second floor have been left in view from below. The blocks of the load-bearing walls have been whitewashed. The most stable elements of this building share a deliberate coarseness. And it is precisely these elements that determine the diagram of this building in terms of its typology, dimensions, proportions and materiality.[3] It could be said that the diagram of the building provides a robust framework which sets the stage for the finishes of the building and ultimately its occupation by the end-users.
The diagram therefore has its own imaginative potential. In this case, the visible façade beams have the effect of adding a utilitarian feature to the congenial space. It is a studio or workshop and clearly not a home.
The tactile quality of the finish of the building is milder. The fixed furnishings are neatly constructed with a woodgrain finish. The stringers of the iron staircase to the attic are made from standard U-sections. Curved strips connect the wooden treads and

[3] Siehe auch: Hans van der Heijden, «The Diagram of the House», in: *Architectural Research Quarterly* 2, 2001.

[3] See also: Hans van der Heijden, *The Diagram of the House, Architectural Research Quarterly,* volume 5 no. 2, 2001.

Die dreidimensionale Form dieser Streifen lässt sich kaum zeichnerisch darstellen. Die Stärke und Steifigkeit sind genauso schwierig zu berechnen. Aber diese Metallstreifen lassen sich mit etwas gutem Willen auf einer kleinen Baustelle, wo der Auftraggeber keine Zertifikate oder andere Nachweise der technischen Tauglichkeit verlangt, ohne grössere Probleme ausführen. Es durfte vor Ort geschweisst werden und eine Pulverbeschichtung wurde vom Auftraggeber = Architekt = Bauleiter nicht verlangt. So konnte die damit verbundene Notwendigkeit einer Vorfertigung mit den dazugehörigen technisch-logistischen und bürokratischen Konsequenzen für die Ausführung vermieden werden. Der gesunde Menschenverstand regierte hier und so wurde die Treppe zusammengebaut. Es wurden keine Mühen gescheut und wenn es kein finanzieller Mehraufwand war, dann umso mehr ein Einsatz an Energie und Überzeugungskraft, um diese handwerkliche Meisterleistung zu realisieren. Die Treppe steht selbstbewusst vor dem Aussenfenster und hat eine figurative Funktion. Diese transparente Konstruktion dient nicht nur dem Zweck des Hinauf- und Hinunterlaufens. Die Treppe ist auch ein Prunkstück des Büros De Smet Vermeulen, in dem das gestalterische Geschick und die architektonischen Absichten des Büros zum Ausdruck kommen.

Die Position, die das Büro De Smet Vermeulen im Entwurfsprozess der Kindertagesstätte im Antwerpener IGLO-Ensemble einnahm, könnte zu der hier beschriebenen Idealsituation kaum gegensätzlicher sein. Der Auftrag für das Projekt ging aus einem Architekturwettbewerb hervor. Durch den Mangel an direkter Mitgestaltungsmöglichkeit entsteht bei dieser Form der Akquisition unweigerlich ein grosser Abstand zwischen dem Entwurf und dem Nutzer. Den Planern bleibt die formale Ordnung eines vorgegebenen Raumprogramms, wobei für die Jurierung eine gewisse Übertreibung der gewählten Mittel sowie radikale Positionen nicht schaden können. Denn der Architekt hat in derartigen Situationen unterschiedliche Verantwortlichkeiten abzuwägen. Eine ist sicherlich die des Unternehmers, dem wenig anderes übrig bleibt, als sich mit dem architektonischen Erscheinungsbild des eingereichten Vorschlags der Konkurrenz zu stellen. Andererseits ruht auf Auftraggeber und Architekt die Pflicht, den einmal preisgekrönten Entwurf nach bestem Wissen und Gewissen in der eingereichten Form auszuführen.

Die erforderliche Zugänglichkeit von Kindertagesstätten und der dazu gehörenden Aussenbereiche schränkt die Möglichkeit ein, etwas anderes als grosse flache Schachteln zu entwerfen. Die deutliche Ausformulierung des Dachs war von Anfang an für den Entwurf massgeblich. Trotzdem sah der Entwurf in der Wettbewerbsphase anders aus. Ein minimiertes Obergeschoss lieferte das Argument für ein gewölbtes Dach in pilzartiger Form. Die Erkenntnisse zum

the handrail in a single sweeping motion. The three-dimensional design of the strips would be almost impossible to draw. The strength and rigidity must have been just as difficult to calculate. But such strips can easily be made by a willing contractor when the client does not demand any certificates or other proof of technical performance. Welding could be done on site. Powder coatings were not required by the client = architect = inspector. Pre-fabrication, with its associated technical, logistical and administrative requirements and their impact on execution, was therefore unnecessary. Plain common sense prevailed and that was how the staircase was built. It must have cost a bit, if not in money then certainly in terms of effort and powers of persuasion to get this piece of handcraft built. The staircase is prominently placed in front of the façade window and serves a figurative purpose. You do not simply walk up and down this transparent structure. The staircase is a showpiece in the De Smet Vermeulen offices that also gives expression to the firm's building skills and intentions.

De Smet Vermeulen's position in the design process for the crèche in Antwerp's IGLO residential care centre could hardly have differed more from the ideal situation described above. The project was won in a design competition. Because there are no opportunities for interaction, this form of acquisition by necessity puts the user some distance away from the design. What is left for the architects is the formal planning of a set programme. Some exaggeration in the formal repertoire while adopting a radical position can do no harm in the adjudication process. In such situations the designer has a range of responsibilities, certainly including those of an entrepreneur who can do little but compete on the basis of the submitted proposal. Conversely, the client and the architect have a duty to undertake the award-winning design in good faith, in accordance with the submission.

The accessibility required for child-care centres and the outdoor space around them makes it difficult to design anything other than flattened boxes. The

städtebaulichen Gefüge im Zusammenhang mit dem Gebäude entwickelten sich während der Ausarbeitung des Entwurfs weiter. Das Gebäude erhielt letztlich einen nahezu quadratischen Grundriss mit einem gewellten Schalendach. Jeweils zwei der sechs Gruppen wurden zusammengefasst und um insgesamt drei Patios gruppiert, wie Zimmer um einen Garten. Ein regelmässiges Bandraster mit 4 Metern Breite strukturiert den Grundriss und so auch die Tragkonstruktion. Wiederum beschreibt das Schema des Gebäudes die wichtigsten typologischen und formalen Eigenschaften des Entwurfs.
Das Dach entwickelte sich «von einem Pilz zu einem fliegenden Teppich»[4], spielt aber weiterhin eine zentrale Rolle. Es bringt einerseits Leben in die Regelmässigkeit des Masssystems und bietet andrerseits den Bewohnern der drei umliegenden hohen Wohnhäuser eine makellose «fünfte Fassade». Das Projekt wurde für ein reguläres Budget im Bildungsbereich gebaut und wird entsprechend gängiger Normen betrieben und abgeschrieben. Die Auswahl des Bauunternehmens erfolgte mittels einer Ausschreibung. Diese Methode schliesst einen intensiven Austausch zwischen Architekten und ausführender Baufirma aus. Daher mussten frühzeitig Entscheidungen getroffen werden. Das expressive Schalendach aus Beton wurde realisiert und mit einer Systemschalung ausgeführt. Das Dach ist in jeder Hinsicht ein Gewinn. So sorgt es beispielsweise dafür, dass die Symmetrie des Grundrisses durch die dreidimensionale Wirkung des Dachs aufgebrochen wird. Die Gruppenräume auf der Südseite sind im Vergleich zu den Gruppenräumen im Norden stark horizontal ausgerichtet. Dies wird durch die unterschiedliche Anordnung der Aussenfenster zusätzlich betont.

[4] E-Mail von Paul Vermeulen an den Autor, 17. August 2015.

[4] Email from Paul Vermeulen to the author on 17 August, 2015.

clear articulation of the roof steered the project right from the outset. Yet the design looked rather different at the competition stage. A minimal upper storey provided the argument for a vaulted roof with a mushroom-like shape. Ideas about the urban planning and the building itself evolved during the planning phase. The plan of the building was ultimately almost square and supplied with an undulating shell roof. The six group rooms were clustered two-by-two around three patios, like rooms around a garden. The regular four-metre wide strip grid ordered the plan and the load bearing structure. Once again the diagram provided the most important typological and formal aspects of the design.
The roof gradually changed "from a mushroom into a flying carpet",[4] but continued to play a pivotal role. It introduced an element of variety in the proportions of the interior spaces on the one hand, while offering a "fifth façade" to the residents of the three surrounding high-rise blocks of flats on the other. The project was built on the basis of a regular care provision budget and will be operated and depreciated in accordance with average norms. The contractor was selected by tender. This method prevents close interaction between the architect and the selected building firm, which means that priorities had to be set. The expressive concrete shell roof made it to the construction site. It was eventually constructed by using a system formwork. The investment in the roof pays off in every sense of the word. The three-dimensional effect of the roof breaks up the symmetry of the ground plan, for example. The group rooms on the south side have a compelling horizontal effect compared to the group rooms on the north side. This is reinforced by the different façade windows on either side.
Windows, hatches, nappy cupboards, children's furniture, acoustic absorption panels, skylights, sanitary facilities and frames for the works of art were all added to the rational canvas of the building. The colour palette is restrained and was used in a different combination for each space: a brushstroke that introduces an essential layer of attributes nestling between the design of the building and its use. The colours are curiously incongruous although the designer's hand is not otherwise strongly manifest. It is an elaborate design that under the present-day reality of the construction site cannot be steered simply by means of the working drawing. Plenty of evidence is available in the building as realised. All these traces blend with the other additions to the plan for the building, along with those left behind by the children, their parents and the crèche supervisors.
While Aldo van Eyck in his Burgerweeshuis orphanage in Amsterdam declared the attributes of child's play to be the underlying principles of his architecture, thereby putting dome tectonics into a different perspective, the opposite took place in Antwerp.

Kleine Fenster, Durchreichen, Wickelkommoden, Kindermöbel, Akustikpaneele, Dachfenster, Sanitärobjekte und die Rahmen für die Kunst beleben wie Pinselstriche die rationelle Leinwand des Gebäudes. Die Farbpalette ist beschränkt und wurde in jedem Raum in anderer Zusammenstellung eingesetzt. Diese «Pinselstriche» bilden die unentbehrliche Schicht von Attributen, die zwischen dem Gebäudeschema und der letztendlichen Nutzung liegt. Auf lakonische Weise ist die Farbzusammenstellung etwas gewöhnungsbedürftig und es sind kaum Spuren einer Architektenhand zu finden. Es ist ein aufwendiger Entwurf, der in der heutigen Baustellenrealität mit Ausführungsplänen allein nicht zu beherrschen ist, auch nicht, wenn die Bauaufsicht beim Architekten liegt. Folglich hat das Gebäude viele Narben davongetragen. Diese Spuren verschmelzen mit allen übrigen Ergänzungen zum Gebäudeschema sowie mit den Spuren, die die Kinder, ihre Eltern und Betreuer hinterlassen.

Während Aldo van Eyck bei seinem Waisenhaus in Amsterdam die Schwellen und Merkmale des Kinderspiels nicht nur metaphorisch zum Ausgangspunkt der Architektur erklärte und die deutliche Kuppeltektonik relativierte, ist es in Antwerpen genau umgekehrt. Das Gebäudeschema, das vorwiegend durch das Schalendach und Bandraster definiert wird, umfasst eine Reihe Improvisationen, Notwendigkeiten und Verhandlungsergebnisse, ohne diese zu Lyrik zu erheben. Das Gebäude bietet ein Zuhause – sowohl buchstäblich als auch im übertragenen Sinne – und könnte vielleicht als monumental bezeichnet werden. Das Funktionieren des Gebäudes selbst liegt in der Hand der Kinder.

Die Restaurierung des Mägdeturms in Zichem geht von einer prinzipiellen Interpretation des mittelalterlichen Donjons aus. Dessen Mauern waren teilweise eingestürzt. Die Reste der Rippengewölbe suggerierten Geschossdecken. Darüber hinaus wurden Reste einer Treppe zum Dach gefunden. Die Konstruktion des Donjons bestand aus einem zweischaligen Mauerwerk, wie es im Buche steht: eine Aussenmauer aus Eisensandstein und eine Innenmauer aus Ziegel, die in einem Abstand von 2 Metern zueinander standen, aufgefüllt mit Ziegel- und Sandsteinschutt, mit Kalkmörtel gebunden. Die Restaurierung hatte kein vorgegebenes Raumprogramm und wurde vom flämischen Denkmalamt in Rücksprache mit De Smet Vermeulen und Sanierungsexperten von Studio Roma entwickelt. Raumprogramm, Entwurf, Budget und Nutzungsmodell wurden während der Arbeit am Projekt erstellt beziehungsweise entwickelt, womit sich unter anderem auch die «Bildlosigkeit» des Entwurfs erklären lässt. Von einem Bilderstreit konkurrierender Planer kann in diesem Fall keine Rede sein.

Die Abmessungen des mittelalterlichen zweischaligen Mauerwerks wurden genutzt, um darin eine Treppe unterzubringen. Sie ist eine 2 Meter breite

Mainly because of the shell roof and the strip grid, the design of the building managed to accommodate a series of improvisations, necessities and negotiations without elevating them to the lyrical. In all senses, the building offers shelter. That shelter could perhaps be described as monumental. The performance of the building is suited for the children.

The restoration of the Maagdentoren monument in Zichem was based on a fundamental reading of the stone keep. The walls of the fortification had partly collapsed. Floors were suggested by the remnants of the stone vaulted ribbing. The remains of a stairway to the top were also discernible. Like a diaphragm wall before such a thing was termed such, the structure of the tower comprised an ironstone outer wall separated by more than two metres from a brick inner wall filled with lime-mortared brick and sandstone rubble. There was no prior programme for the restoration that was arranged by the Flemish heritage authorities in dialogue with De Smet Vermeulen and a restoration expert. The programme, design, budget and operating mode were all agreed on as work progressed, which also helps to explain the sheer absence of imposed imagery to the design. There was no radical approach pursued by competing architects here.

The span of the medieval diaphragm wall was used to build a flight of stairs in the cavity. This was built as a two-metre wide concrete structure that anchors a thin brick shell on the outside, with new concrete vaulted ribbing on the inside. The shell is made from elongated Petersen bricks on a plinth of hand-made bricks with a simple prefab concrete sill. The contemporary materials were used in a way

Betonkonstruktion, mit der an der Aussenseite eine dünne Mauerwerksschale verankert wird und die an der Innenseite neue Rippengewölbe aus Beton bildet. Die Mauerwerksschale besteht aus länglichen Petersen-Ziegeln, die auf einem Sockel aus Handformziegeln und einer einfachen Schwelle aus Fertigbeton ruhen. Die zeitgenössischen Materialien wurden mit der ihnen eigenen bautechnischen Logik angewendet, wie es der Architekt Hans Döllgast bei der Renovierung der beschädigten Pinakothek in München vorgemacht hat. Die Treppen- und Gewölbe-Betonskulptur wurde noch autonomer entwickelt. Das einfache Schema des Donjons wurde soweit wie möglich ergänzt und da, wo erforderlich, funktional interpretiert. Die Treppe nach oben führt zu einer neu errichteten Aussichtsplattform, die zugleich für Unterrichtszwecke als auch dem Vergnügen dient. Auf der Oberseite der grossen Abschnitte des historischen Mauerwerks wurde zum Schutz eine Betonschicht aufgetragen. Die Plattform aus Edelstahl steht mit ihrer Schlankheit und hellen Farbe im deutlichen Kontrast zu dieser Massivität.

Die Eingriffe passen in die vom Donjon-Schema auferlegte Ordnung. In ihrer Form und Materialität kommen sie als zeitgemässe Konstruktionen zum Ausdruck. Das stimmt auch mit den gegenwärtigen Erkenntnissen zu der Ausführung von Sanierungen überein, wobei die Spuren der Zeit erkennbar und umkehrbar sein müssen und es sich nicht gebührt, ohne archäologischen Nachweis über die häuslichen Merkmale, die je einmal vorhanden gewesen sein müssen, zu spekulieren. Beim Fehlen einer historischen Sicherheit sind Hinzufügungen ausschliesslich zu legitimieren durch Überlegungen zum Nutzen und zur Notwendigkeit in der Gegenwart. Der Donjon wurde zum didaktischen Hilfsmittel.

Auch dieser Entwurf besitzt eine tolerante Schicht. De Smet Vermeulen hatten nur eingeschränkte formale Befugnisse während des Baus. Die Stabilisierung des Donjons ging mit unerwarteten Rückschlägen im Bau einher. Diese Anpassungen konnten von den robusten Ergänzungen des groben Donjons in Stahl, Mauerwerk und Beton aufgenommen werden, ohne dass der Entwurf zum Erliegen gebracht wurde. Letztendlich ist der mit neuem Mauerwerk ausgeführte Anteil grösser, als zu Beginn vorhersehbar war. Während der Ausführung wurden ausserdem Lichtschlitze hinzugefügt. Ein rekonstruiertes Fenster besitzt typische De-Smet-Vermeulen-Details: Fensterbank und Sturz aus Metall, eingelassen in die Fugen, ohne sich auf einen historischen Vorläufer zu berufen.

Ein Verdienst des ganzen Unterfangens ist es, dass die Ruine keine Ruine blieb und dass nach einer architektonischen Form gesucht wurde, die weder neu noch alt ist, sondern durch formale Überlegungen eingegeben scheint. Stärker als in den beiden vorhergehenden Projekten wurde hier Nachdruck

which is consistent with their own structural logic, like the example the architect Hans Döllgast once provided with the restoration of the war-damaged Alte Pinakothek in Munich. The concrete stairs and the structure of the vaulted ribbing were even more autonomously designed. The simple diagram of the fortified tower has been added to and functionally interpreted wherever possible and necessary. The stairway to the top leads to a newly constructed viewing platform for education and enjoyment. A layer of concrete has been applied to the uppermost side of the coarse historic masonry for its protection. The slender structure and pale colour of the stainless steel platform sets it off against this volume. The interventions fit in with the structure imposed by the historic monument itself. They are clearly contemporary structures in their design and use of materials. This is consistent with present-day thinking on restoration in which the traces of time are apparent and reversible. Without archaeological evidence it is considered inappropriate to speculate about the ordinary domestic attributes that must once have been present. In the absence of historical certainty, additions are made legitimate only by considerations concerning their need and use in the here and now. The keep was to become a didactic tool.

This approach has a certain tolerance level. De Smet Vermeulen had limited formal authority during the building work. During construction there was an unexpected setback in stabilizing the keep. The bold steel, brickwork and concrete additions to the rough keep could be adapted as required without affecting the integrity of the design. The restored section with new brickwork was, in the end, bigger than had originally been envisaged. Slits to admit light were added during the work. The only reconstructed window includes typical De Smet Vermeulen details with metal lintels and sills recessed into the pointing that were not based on any historical precedent.

An accomplishment of the undertaking is that the ruin is no longer a ruin, and that an architectural form was sought which is neither new nor old, appearing to have been led by formal considerations. More than in the previous two projects, the emphasis was placed on the purity of the typology and structures.

The diagram for the studios in Ghent forms part of the declaration of intent which is inherent to building your own studio. The shell roof in Antwerp played its part in the acquisition of the project through a competition and the negotiations about the design and programme thereafter. The opened-up diaphragm wall in Zichem provided the starting point for creating a new architectural design in consultation with the restoration authorities. These three examples demonstrate how the design work of De Smet Vermeulen operates in such differing domains. The architects recognize the inherent

auf die Schlichtheit der Typologie und der Konstruktionen gelegt.
Das Schema des Genter Ateliers ist Teil der Grundsatzerklärung, die der Bau eines eigenen Architekturstudios darstellt. Das Schalendach in Antwerpen ermöglichte die Akquisition des Projekts über einen Wettbewerb und half bei den nachfolgenden Verhandlungen zu Form und Raumprogramm. Das geöffnete zweischalige Mauerwerk in Zichem bot Halt bei der Suche nach einer neuen architektonischen Form im Dialog mit den Denkmalschutzbehörden. Die drei Beispiele zeigen, wie sich das Büro De Smet Vermeulen mit seiner Entwurfsarbeit auf derartigen Territorien bewegt. Die Architekten erkennen die unterschiedliche Dynamik und die Belange, die zu den diversen Territorien gehören.
Das Schema dieser Bauwerke ist ein Instrument für die Akquise und die nachträgliche Präzisierung der Aufgabendefinition. Damit werden die wichtigsten Charakteristika des Bauwerks in den stabilsten Eigenschaften festgelegt: in Typ, Masssystem, Konstruktion und Material. Dieses Schema ist nachhaltig und muss es auch sein. Die Schicht der Attribute und Farben ist formbarer und eignet sich viel besser für Verhandlungen sowie zum Auffangen von Änderungen und Rückschlägen, die zwangsläufig mit der Baustellenpraxis verbunden sind. Man kann nicht behaupten, dass die typologische Klarheit und die etwas raue Bildsprache der Bauwerke von De Smet Vermeulen in einer Bewegung entstanden wären. Deutet dies auf verschiedene Formen des handwerklichen Könnens, auf typlogische Kraft gegenüber pragmatischem Handeln?
Auch das wäre wieder zu einfach gedacht. Es kann aber festgestellt werden, dass die Arbeit von De Smet Vermeulen stark mit dem typologischen Projekt des letzten halben Jahrhunderts verbunden bleibt. Der dazugehörige Kanon verdeutlicht, wie problematisch der Aspekt der Repräsentation geworden ist und wie sehr Typologie und Erscheinungsform verschiedene Welten geworden sind. Aldo Rossi versah die typologischen Schemata seiner Bauwerke mit wehmütigen persönlichen Bildern. Oswald Matthias Ungers konstruierte eine gnadenlose Kontinuität zwischen Schema und Erscheinungsform seiner Gebäude, indem er beide mit geschmacklosen Quadraten zum Ausdruck brachte. Roger Diener und Giorgio Grassi neigen dazu, das Schema in seiner erhabenen Nacktheit zu zeigen. Alvaro Siza verkompliziert hingegen das Schema selbst, um es sodann in minimalistischer, aber immer persönlicher Weise sichtbar werden zu lassen. Hans Kollhoff thematisiert die Tektonik der Fassadenhaut, das Relief in der Fassade sowie ihre städtebauliche Qualität.
Wie überzeugt die grossen Architekten unserer Zeit ihre Entwurfsmethoden auch definieren, die Begriffe Typ und Stil drücken wie noch nie zuvor. Wie verwirklichen wir in den immer komplexer

differences in the dynamism and what is important in each of these domains.
The diagrams of these buildings serve as an instrument for the acquisition and later specification of the project. It establishes the most important qualities of the building and its most stable properties in terms of typology, dimensions, structure and materials. That diagram is solid and resilient and needs to be too. The layer of attributes and colours is much more malleable and far more open to negotiation and accommodation of the modifications and setbacks that constitute an intrinsic part of work on a building site. It is difficult to imagine that the typological clarity and somewhat gritty visual quality of De Smet Vermeulen's buildings were created in one single sweep. Does this suggest various forms of craftsmanship, indicating typological skill coexisting with pragmatic action?
That would be too simple an argumentation. It can certainly be said that De Smet Vermeulen's work remains strongly rooted in the typological project of the past 50 years. The related canon quite clearly shows just how problematic the notion of representation has become and how typology and imagery have become different worlds. Aldo Rossi added melancholy personal imagery to the typological diagrams of his buildings. Oswald Matthias Ungers created a relentless continuity between the diagram for his buildings and their outward appearance through the use of neutral squares in both. Roger Diener and Giorgio Grassi are inclined to present the diagram in all its sublime starkness. Alvaro Siza, conversely, complicates the diagram itself only to render it in a minimalist but always personal manner later. The tectonics of the façade skin, the relief in the façade and its urban aspect are the themes of Hans Kollhoff.

werdenden Verhandlungsprozessen, die Teil der modernen Stadtentwicklung sind, Projekte überhaupt? Wie entscheiden wir über Form? Kann der Begriff des Stils noch als etwas aufgefasst werden, das Menschen miteinander teilen können, als etwas, das gemeinsame Werte und Ideale ausdrückt? Oder ist Stil nur noch die Sammlung formaler Vorlieben eines Individuums? Ist Stil nur noch denkbar als erlebter Kompromiss zwischen gegensätzlichen Intentionen, als ein Verhandlungsergebnis? Bezieht sich Stil dann auf ein Projekt, eine Person, eine Stadt, eventuell auf einen Kontext? Wer ist eigentlich Eigentümer eines Stils?

In diesem Spannungsfeld nehmen De Smet Vermeulen einen eigenen Standpunkt ein. In ihrer Arbeit geht es nicht so sehr um das Auseinandergleiten von Typologie und ihrer Ausarbeitung in Bilder, in eine Erscheinungsform, in einen Stil, sondern vielmehr um eine genaue Einschätzung der dazwischenliegenden Verhältnisse.

Auf der einen Seite enthält das Schema ihrer Bauwerke eine gewisse Übertreibung. Eine praktische Lösung sieht anders aus. Die enormen Fassadenträger in Gent, das Schalendach in Antwerpen sowie das Öffnen des mittelalterlichen zweischaligen Mauerwerks stellen eine bauwirtschaftliche und technische Herausforderung dar. Es sind gewiss einfachere technische Lösungen denkbar, aber genau durch diese hyperbolische Eigenschaft besitzt das Schema beachtliche architektonische und städtebauliche Überzeugungskraft. Oder anders ausgedrückt: Das Schema gibt dem Gebäude seinen Platz. Es bestimmt in hohem Masse, wie das Gebäude aussieht und räumlich funktioniert. Dieses Vermögen relativiert Nutzen und Notwendigkeit repräsentativer Kraftprotzerei.

Auf der anderen Seite des Entwurfsprozesses stehen die Materialien, die vorgefertigten Bauprodukte und die Konstruktionen mit jener Unvollkommenheit, die heutzutage einfach dazugehört. Auf der anderen Seite des Entwurfsprozesses stehen auch die alltäglichen Spuren der Stadtbewohner. Die daraus hervorgehende Textur kann einfach nicht nur synthetisch, brillant oder glänzend sein und repräsentiert nicht viel mehr als die Aktivität des Bauens sowie das Verweilen in der heutigen Stadt. Vielleicht reflektiert diese raue Bildsprache einen Drang nach Stil, einem Stil, der als unpersönlich aufgefasst wird und so allgemein verständlich wie möglich ist; ein Formenrepertoire, das in der gegenwärtigen mehrsprachigen Stadt so gut wie möglich geteilt werden kann.

Die Förmlichkeit des Gebäudeschemas steht im Werk von De Smet Vermeulen immer in einem unverhohlenen doppeldeutigen Verhältnis zu der informellen Stilisierung der städtischen Rauheit. Während das Schema die Eleganz einer Signatur in sich trägt, weist die Detailausführung kaum eine Handschrift auf. Die Entwürfe kokettieren nicht mit der

However firmly the great builders of our time define their design methods, the notions of type and style grate as never before. How are projects materialized in the ever more complex processes of negotiation that typify modern urban development? How do we decide on form? Can the notion of style still be considered as something that people share, something that expresses common values and ideals? Or is style only an individual's formal preferences? Or should style be considered merely a sophisticated compromise between conflicting intentions, a negotiated result? Is style, perhaps, connected with a project, a city or a context? Who, indeed, has ownership of style?

De Smet Vermeulen has adopted its own position in that array of forces. Not so much that the firm appears to drive a wedge between typology and its visual execution in an outward appearance or style in its work, but more through a particular appraisal of the relationship between these things.

To start with, there is the diagram of the building which shows a certain degree of exaggeration. There are easier ways to approach this. The huge façade beams in Ghent, the shell roof in Antwerp and the opening-up of the medieval diaphragm wall would have brought the financial and engineering aspects of these projects into sharp focus. There are certainly simpler technical solutions which could have been used. It is indeed the overstated quality of the design that gives it considerable architectural and urban persuasiveness. The diagram puts the building in just the right place, so to speak. It largely dictates what the building will look like and how it functions spatially. This capacity strongly diminishes the purpose and need for visual overstatement.

The other side of the design process is about the materials, the assembled building products and structures with all the imperfections that they come with today. That other side is also supplied with the everyday signs of life of the city dweller. The texture that this gives rise to cannot be simply synthetic, glittering or shiny and represents little more than the activity of building and living in the city today. Perhaps this rough imagery reflects a longing for style, a style which is both as impersonal and as intelligible as possible, a formal repertoire that may – to the extent that this is possible – be shared in the multilingual city of today.

In the De Smet Vermeulen oeuvre there is always an undisguised relationship between the formality of the diagram of the building and the informality of its urban grittiness. While the design bears all the verve of a signature, the finish barely shows the hand of the author. The designs do not parade the craftsmanship on the building site and even less exhibit a nostalgia for lost skills. The practice moves from point to point along the process flow from schedule of requirements to drawing, computer

handwerklichen Arbeit auf der Baustelle und noch viel weniger mit der Wehmut verloren gegangener Handwerksgewerbe. In dem Prozess von Anforderungskatalog über Skizze, Computermodell, Ausschreibung, Baustelle bis zur Abnahme und dem bewohnten Gebäude arbeitet sich das Büro immer von Punkt zu Punkt vor. Paul Vermeulen fasst zusammen: «Henk und ich haben an einem bestimmten Punkt einfach beschlossen, das Mauerwerk unseres Büros nicht verfugen zu lassen. Wir machten uns Sorgen, dass die Verfugung das satte Gelb der Ziegel zunichtemachen könnte. Es war unbeabsichtigt, nicht Teil unseres Plans, aber in diesem Moment fanden wir es die beste Entscheidung. Es ist uns nie aufgefallen, dass eigentlich nicht so sauber gearbeitet wurde.»[5]

Das Vorgreifen auf die Realität von Finanzierung, Abschreibung, Betriebsführung, Ertragskraft, Auftragserteilung und so weiter, aus der der Entwurf entsteht, erklärt die Entscheidungen in Bezug auf Schematik und Stil der Projekte in praktischer und architektonischer Hinsicht. Dieses Einschätzungsvermögen sorgt dafür, dass das Schema als Teil der Aufgabendefinition so solide wie möglich formuliert werden muss. Dieselbe Einschätzung verbindet den Stil mit Improvisationspraxis. Die Wendigkeit im Gebrauch unterschiedlicher Register bildet den Kern des handwerklichen Könnens von De Smet Vermeulen, eines handwerklichen Könnens, welches nirgendwo angebrachter und effektiver ist als in der mehrsprachigen flämischen Bauweise der Gegenwart.

model, tendering, construction site, handover and inhabited building. Paul Vermeulen puts its simply: "Henk and I decided at some time that we would leave the brickwork of our office unpointed. We were afraid that pointing would detract from the warmth of the bricks. It was not deliberate, not part of our plan, but at the time we thought it the best choice. We never really noticed that the builder did not actually work that carefully."[5]

The decisions taken in terms of the diagram and styling of the projects in practical and architectural terms can be explained by an awareness of the reality of the financing, depreciation, exploitation, earning capacity and commissions, etc., that underpin the design process. This ensures that the diagram – in the context of the defined task – is made as stable as possible. The same awareness links the style to an ability to improvise. The ease in which they operate in different registers is the essence of the craftsmanship of De Smet Vermeulen, a craftsmanship that is nowhere more appropriate and effective than in today's multilingual Flemish building practice.

[5] Gespräch mit dem Autor, 5. August 2015.

[5] Conversation with the author on August 5, 2015.

Atelier Apostelhuizen, Gent

Entwurf/Design: 2001–2005
Ausführung/Construction: 2005
Projektleitung/Project management:
Petra Decouttere
Mitarbeiter/Collaborator:
Els Van Meerbeek
Bauingenieur/Structural
Engineer: Lemco

Tragende Konstruktionen müssen isoliert werden und verschwinden langsam aus dem Strassenbild. Für eine Strasse, in der zwischen verputzten Häusern bisher Fabriken und Lagerschuppen standen, ist das ein Verlust. Mit dem Bau unseres Büros gaben wir der Strasse ein Atelier zurück, mit grossen Spannweiten und offenen Fassaden. Man kann auch darin wohnen wie in einigen Ateliers ein Stück weiter unten in der Strasse, die erhalten und in Wohnraum umgewandelt wurden.

Die Strassenfassade wird von hohen Betonträgern, Stahlstützen und grossen Öffnungen dominiert, die geschlossenen Fassadenteile sind in Ziegelmauerwerk ausgeführt. Die Decken sind von den Fassaden thermisch entkoppelt. Die Decke über dem ersten Obergeschoss aus fünf vorgespannten Hohldielen, die auf den tragenden Gebäudetrennwänden aufliegen, veranschaulicht das: Vor der Strassenfassade bleibt ein Treppenauge offen, vor der Rückfassade ein Lichtstreifen. Grosse, bewegliche Fensterrahmen und glatte, sich kreuzende Linien – ein Sonnenschutz und ein Fallrohr – vervollständigen die tektonische Komposition. Schränke sowie halb hohe Wände folgen den Kanten des Rohbaus und artikulieren Trennung und Verbindung. Verputz und Eichenfunier geben den Empfangsräumen noch etwas Dekor, in den Atelierräumen wurden sie nicht eingesetzt.

Des Weiteren sind es die Beziehungen zum Aussenbereich, die die Räume definieren. Die Besprechungsküche wirkt als Erweiterung des angrenzenden umschlossenen Gartens. Das Atelier im ersten Obergeschoss öffnet sich hoch und breit zu der Strasse hin, liegt aber hinter der Brüstung und der Treppe. Das Atelier darüber öffnet sich nach Norden und überblickt, hoch über den Gärten, die umliegende Dachlandschaft.

Apostelhuizen Studio, Ghent

Load-bearing structures are supposed to be insulated and thus invisible from the outside. In a street of plastered houses that were once interspersed with factories and sheds, that is an impoverishment of the streetscape. With the construction of our own office, we gave the street back a studio with large spans and load-bearing elevations. And, like a couple of restored studios further along, it is also habitable.

The front façade is a self-supporting, single-brick construction in which large openings were made using concrete beams and steel columns. The floors are thermally separated from the elevations. This is rendered visible by the ceiling above the first floor, five prestressed hollow-core units resting on the party walls: against the front elevation there is a gap containing a stairwell, against the rear elevation a light strip. Sturdily framed, dynamic windows and smooth intersecting lines (a solar shade and a drainpipe) complete the tectonic composition. Cupboards and half-height walls follow the edges of the structural parts, articulating separation and connection. The plaster and oak veneer finishes that lend the reception areas a touch of decorum are absent in the atelier spaces.

For the rest, it is the relationships with the outside that define the spaces. The kitchen / meeting room echoes an enclosed garden. The studio on the first floor opens high and wide to the street, but seeks privacy behind the lower wall and the stair. The studio above is oriented towards the northern light and looks out, high above the gardens, across the roofscape.

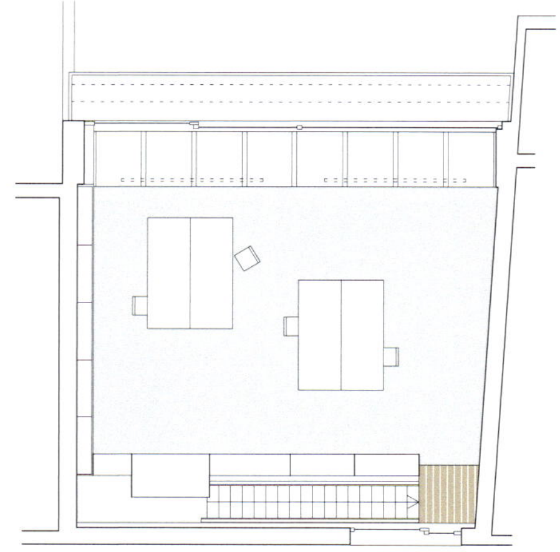

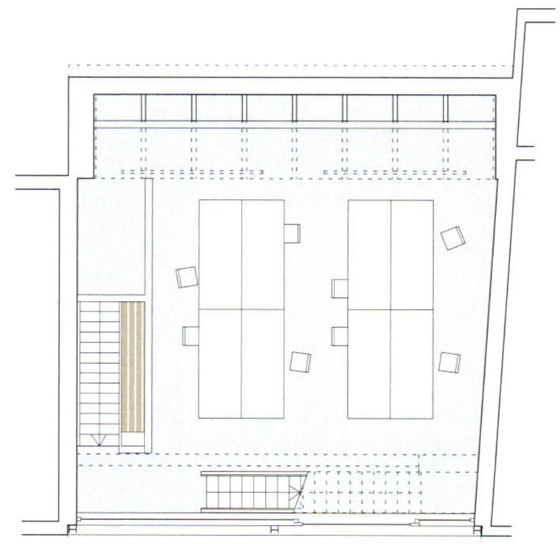

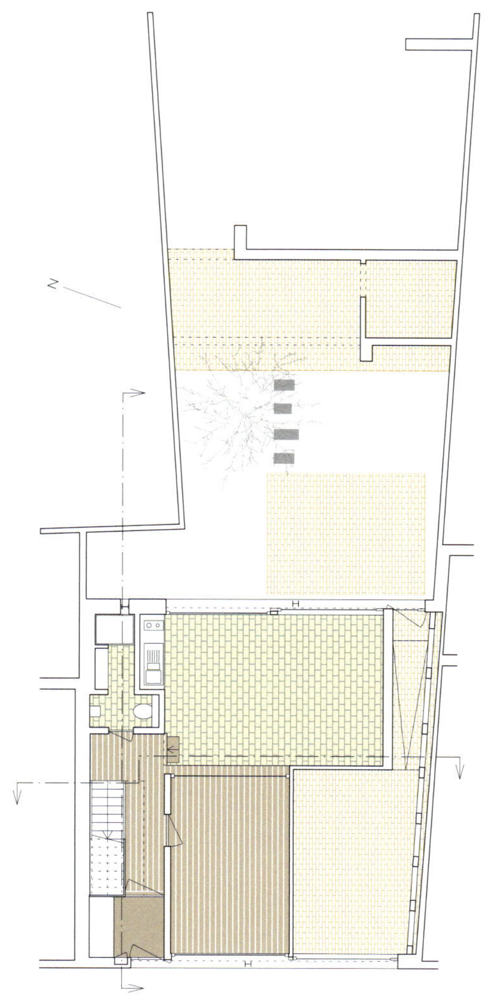

5 m

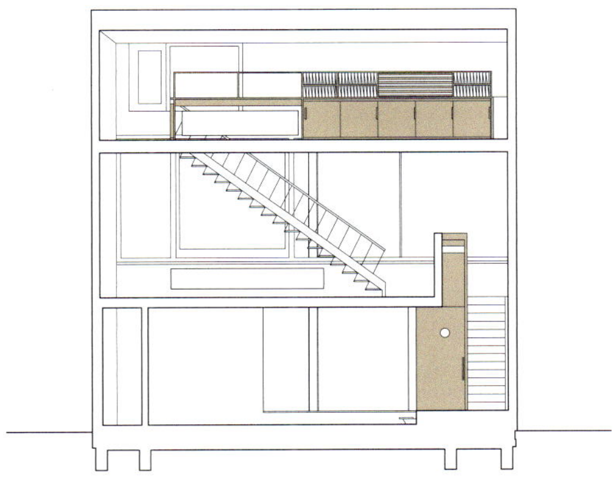

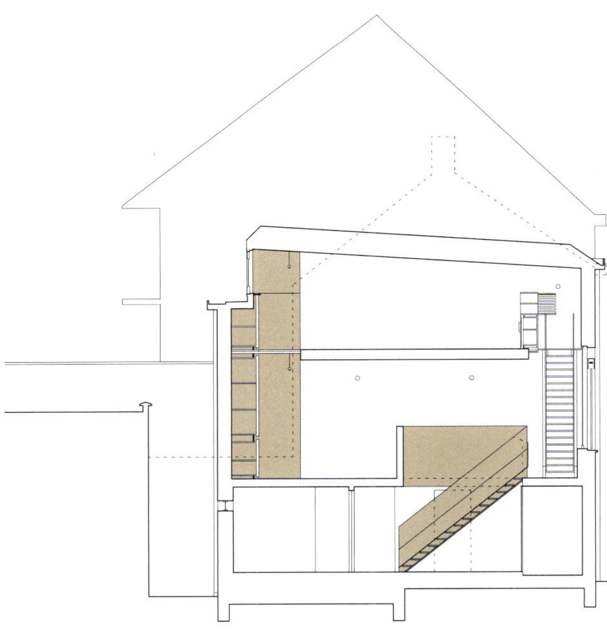

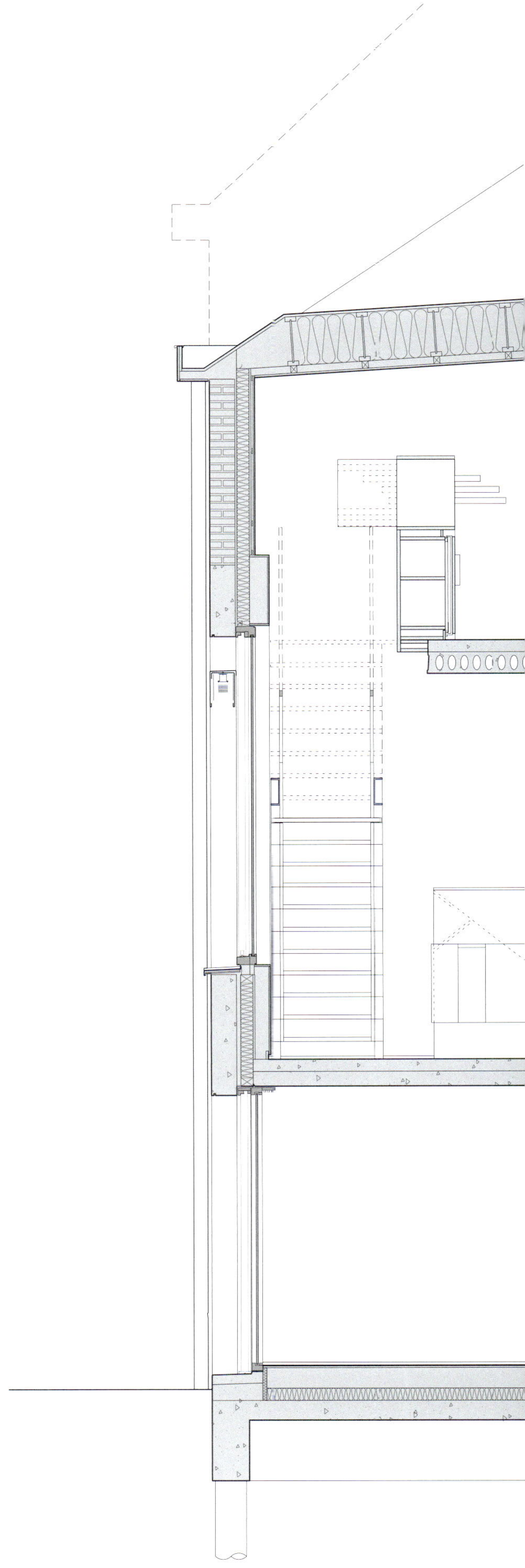

DE SMET VERMEULEN architecten bvba
garage-inrit vrijhouden

Wettbewerb/Competition: 2010
Entwurf/Design: 2010–2012
Ausführung/Construction: 2012–2014
Projektleitung/Project management: Benjamin Eggermont
Bauingenieur/Structural engineer: Norbert Provoost bvba
Haustechnik/Building technology: Abetec

Polizeidienststelle Kioskplaats, Antwerpen

Die Polizeidienststelle auf dem Kioskplatz soll die Polizei als einen erkennbaren und unbürokratischen Dienstleister präsentieren. Zugleich muss das Gebäude eine flexible Immobilie sein. Letzteres ist eine Frage der Typologie, Ersteres eine Sache des Ausdrucks. Um zu verstehen, wie sich ein öffentliches Gebäude in einer Strassenfront unterscheidet, lassen wir uns von einem Gebäude auf der gegenüberliegenden Strassenseite inspirieren – errichtet als Kino, jetzt ein Möbelgeschäft. Sollte die Polizeidienststelle einst auch zum Möbelgeschäft werden, mit Wohnungen darüber, wird ihr architektonischer Ausdruck das Gebäude um eine Geschichte bereichern.

Das Bauwerk, blau glänzend, mit einem Vordach und einer Uhr versehen, präsentiert sich als öffentliche Architektur. Es wurde als ein gut proportioniertes Stadthaus entworfen, nicht als eine Wiederholung von Geschossen oder Fassadenfeldern. Das schmale und tiefe Grundstück erforderte typologisch ein Haus mit einer Toreinfahrt, wobei der Durchgang eine Rampe zum Keller wird. Das letzte Fenster im hintersten Gebäudeteil blickt zurück, was Zusammengehörigkeit und Verbundenheit suggeriert. Mit dem Tor, das beim Abriss bewahrt und wiederverwendet wurde, entschieden wir uns für ästhetische Inklusivität und eine Beständigkeit, die fachkundig ausgeführtes Handwerk ausstrahlt.

Links befindet sich ein schmales viergeschossiges Wohnhaus, rechts ein dreigeschossiges Reihenhaus. Eine Dachterrasse schliesst an das Dachgesims des Reihenhauses an. Wir setzen den Nachbarn nicht unter Druck, aufstocken zu müssen. Ein Schriftzug, der im Vordach ausgespart wurde, projektiert bei sonnigem Wetter das Wort «Politie» auf den Bürgersteig – als kleines Ereignis kurz vor Mittag.

Kioskplaats Police Station, Antwerp

The police station on Kioskplaats is required to present the police force as a recognizable and low-threshold service provider, but it is also required to be a flexible piece of real estate. The second is a question of typology, the first of expression. In order to understand how a public building can make its presence felt in a street frontage, we drew inspiration from a building on the other side of the street, originally built as a cinema and now functioning as a furniture store. Should the police station ever become a furniture store, topped by flats, its expression will enrich the building with a history.

The building, gleaming blue and complete with an awning and clock, affirms its status as public architecture. It is designed as a well-proportioned townhouse, not as a mere reiteration of floors or bays. Typologically, the narrow, deep plot called for a house with 'porte-cochère', with the passageway becoming a ramp down to the basement car park. The last window of the rear building looks back to the main building, suggesting solidarity and team spirit. In using a wrought iron door rescued from demolition and recycled, we opted for the durability of skilled craftsmanship and for aesthetic inclusivity.

To the left is a narrow, overly tall apartment block and to the right a terraced house. A roof terrace is aligned with the cornice of the terraced house: there is no pressure on the neighbour to grow. On sunny days, a set of letters incised in the awning project the word "Politie" onto the threshold – a modest happening shortly before midday.

Politie
A
Politie

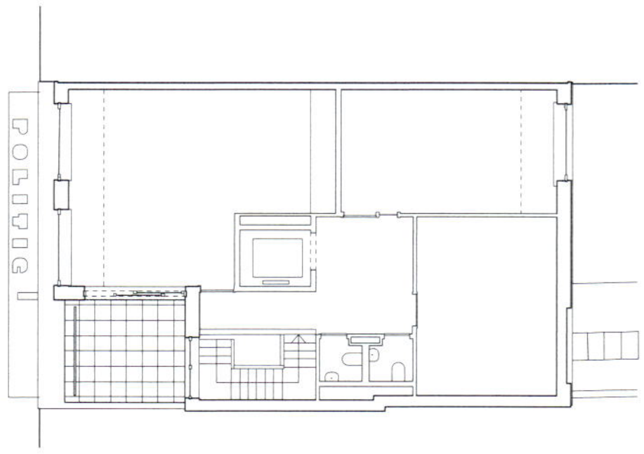

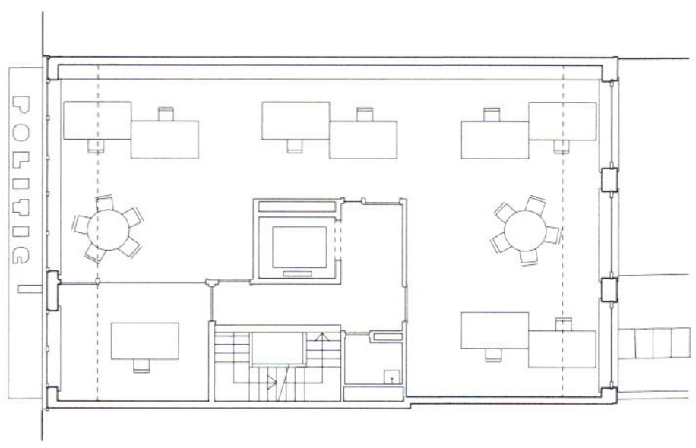

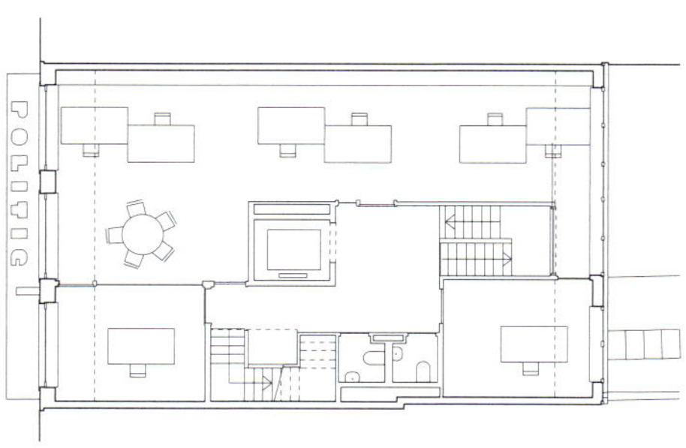

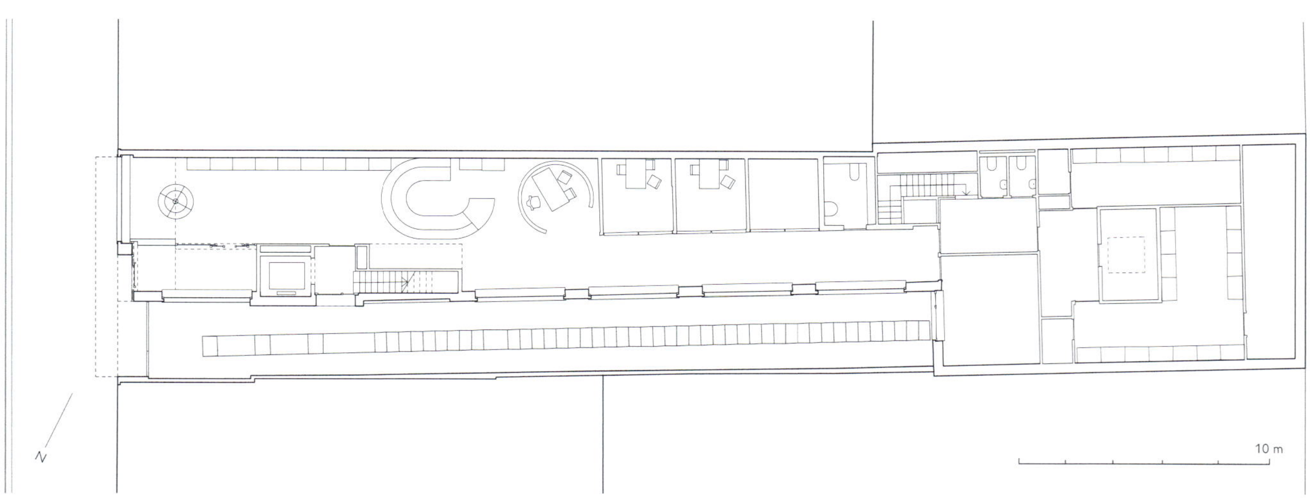
10 m

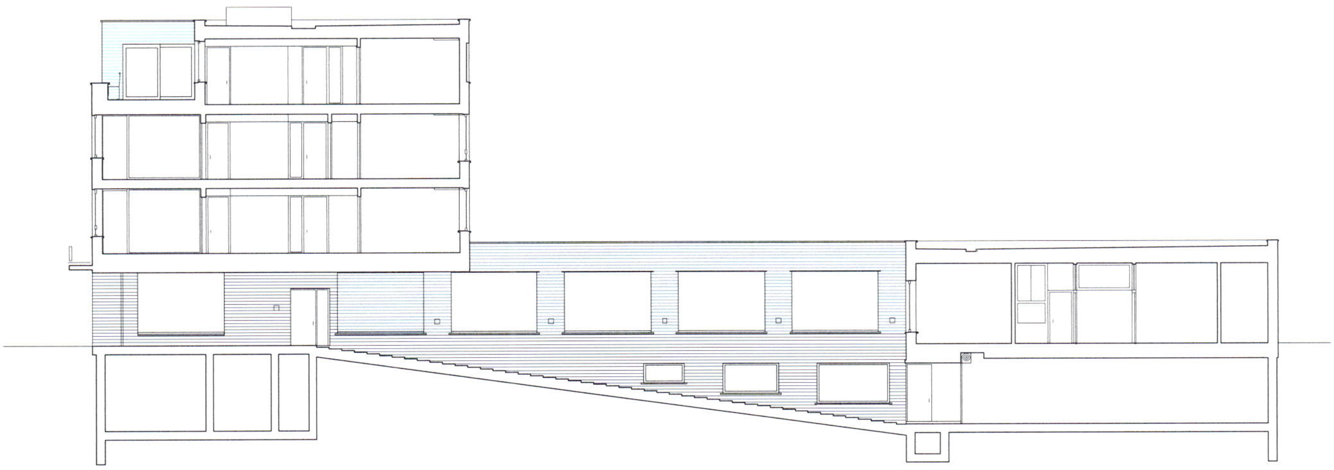

Gesundheitszentrum Brugse Poort, Gent

Brugse Poort Community Health Centre, Ghent

Das Gesundheitszentrum Brugse Poort am Emilius Seghersplein musste erweitert werden. Diese Gelegenheit wurde genutzt, um die Beziehung zwischen dem Platz und dem dahinterliegenden Park neu zu definieren. Während das alte Gebäude in Betrieb blieb, wurde dahinter das neue Gesundheitszentrum errichtet. Erst nach der Fertigstellung wurde das alte Gebäude abgerissen und das neue im wahrsten Sinne des Wortes enthüllt.

Ähnlich der Polizeidienststelle ist auch dieses öffentliche Gebäude ein Haus mit Toreinfahrt, wobei der Durchgang eine Rampe zum Keller ist, aber dann grösser und mit drei freien Seiten. Die Strassenfassade mit der Toreinfahrt ist zurückhaltend. Rechtwinklig dazu gewährleistet die Fassade zum Platz hin freie Sicht auf den Park. Der Haupteingang meidet die Symmetrie und führt in den Zubau, wo der Wartesaal zum Park hin orientiert ist. Die Ausrichtung auf den Park kommt der sozialen Sicherheit zugute.

Behutsam nimmt das Volumen Abstand von den Nachbargärten. Lichtöffnungen müssen den Einblick in die Gärten einschränken und gleichzeitig die Diskretion des medizinischen Geschehens gewährleisten. Dazu wurden kleine Lichthöfe angelegt, die unten die Ärztezimmer belichten und oben für räumliche Weite und eine Vielzahl an Einrichtungsmöglichkeiten sorgen. Die lamellenartige Fassade, die den dahinterliegenden Physiotherapieraum abschirmt, erhält eine monumentale Qualität, im Geschoss darüber entspannt sich die Fassade und öffnet sich grosszügig zum Platz hin. Die Farbe des Mauerziegels wurde aus der bunten Palette des Platzes gewählt. Die Gesundheitsversorgung im Stadtviertel ist gleichzeitig würdevoll und alltäglich. Mit einem bewussten Gleichgewicht zwischen Offenheit und Diskretion, Monumentalität und Informalität nimmt sie ihren Platz im öffentlichen Raum ein.

The much-needed expansion of the Brugse Poort Community Health Centre on Emilius Seghersplein was seized upon as an opportunity to redefine the relationship between the square and the park behind. The original premises remained in use while the new health centre was built behind it. When it was finished, the old building was demolished and the new, as it were, unveiled.

Like the police station, this public building is conceived as a house with a *porte cochère* leading to a ramp down to the basement, but larger and freestanding on three sides. The street façade with gateway is unassuming. A straight frontage on the square opens up a generous view of the park. The main entrance eschews symmetry and leads to the annexe, where the waiting room looks out over the park. That focus on the park is good for public safety.

The volume discreetly distances itself from the back gardens of the neighbouring houses. Light penetration is organized so as to limit overlooking of the gardens and to ensure the privacy of the medical activities. To this end small light courts were inserted, which illuminate the doctors' consulting rooms downstairs and upstairs deliver spatial expansion and a wealth of layout options. The louvred shutter shielding the physiotherapy room strikes a formal note, but above it the façade relaxes, gazing forthrightly over the square. The colour of the brick was selected from the variegated palette around the square. Health care in the community is both dignified and everyday. With a careful balance of openness and privacy, formality and informality, it takes its place in the public space.

Entwurf/Design: 2003–2008
Ausführung/Construction: 2009–2010
Projektleitung/Project management: Peter Geens
Bauingenieur/Structural Engineer: Dirk Jaspaert BAS
Haustechnik/Building technology: Moens Engineering

N
10 m

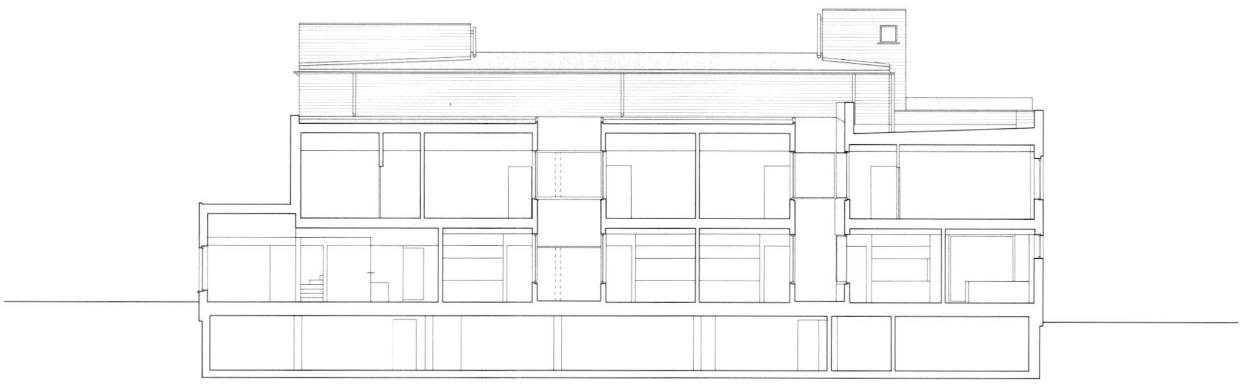

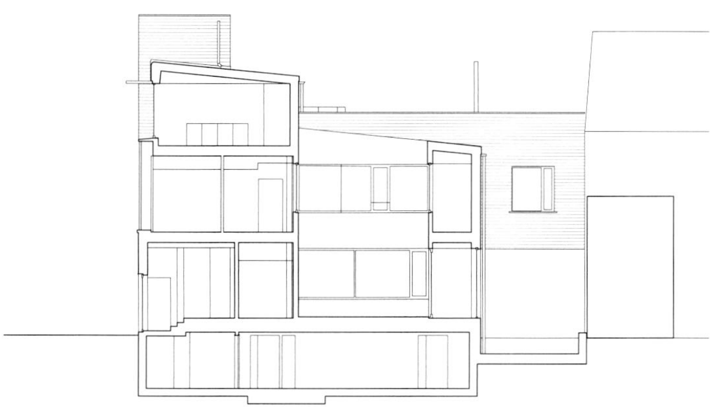

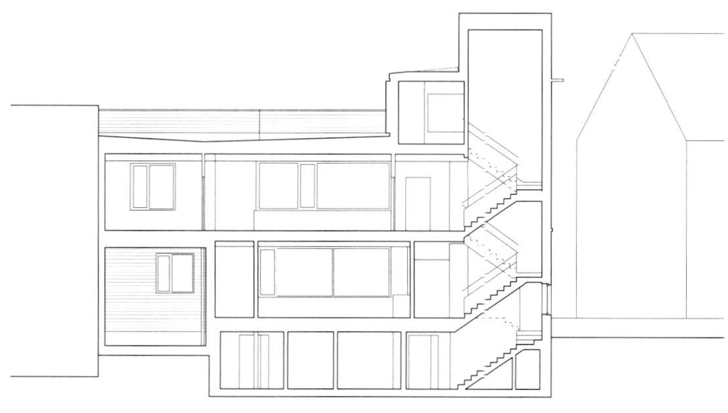

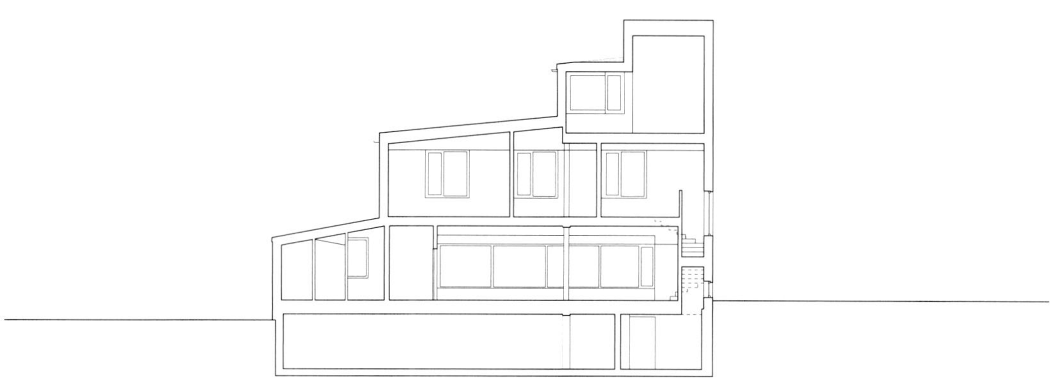

Zehn Wartungsbrücken, Gent

Ten Service Bridges, Ghent

Entwurf/Design: 2013–2014
Ausführung/Construction: 2015–
Projektleitung/Project management: Tine Van de Wiele
Bauingenieur/Structural engineer: Norbert Provoost bvba

Louis Cloquet entwarf zur Weltausstellung 1913 in Gent den Sint-Pieters-Bahnhof als Schlussstück eines erhöhten Eisenbahndamms. Die fünf Eisenbahnunterführungen in diesem Damm sah er als eine Reihe von Stadttoren. Mit gemauerten Übergängen aus Naturstein oder Ziegel schliessen sie nahtlos an die Böschung an. Die Tore sind denkmalgeschützt. Es sind makellose, kunstvoll detaillierte Bauwerke, die die unterschiedlichen Spannweiten und die Hierarchie zwischen den Strassen beantworten. Cloquets Infrastruktur ist Architektur.
Mittlerweile hat jedoch die Anzahl der Eisenbahngleise zugenommen und es war nicht mehr genug Platz für einen sicheren Wartungssteg. Daher brachten wir auf beiden Seiten neue Wartungsbrücken an. Alle gleichen sich und sind so transparent wie möglich, sodass Cloquets nuancierter Ausdruck städtischer Hierarchie gut sichtbar bleibt. Um ein Durchbiegen zu verhinden, ist eine schwere Konstruktion vonnöten, deshalb entschieden wir uns für Hängebrücken. Identische Kassetten bilden jeweils leicht unterschiedliche Kettenlinien mit Spannweiten von 25 bis 32 Metern und bieten unter dem Laufsteg Platz für die Durchführung von Leitungen. Auch die Balustradenelemente wiederholen sich und können der jeweiligen Kettenlinie folgen. Die Brückenköpfe stehen in den Böschungen neben den gemauerten Übergängen und behindern nicht die Sicht auf die Brücken. Ihre Schwere musste daher nicht aufgehoben werden und kontrastiert gleichzeitig mit den subtilen Brücken.
An der Krijgslaan überschreitet die neue Brückenplatte die von Cloquet vorgesehene Breite. Um diesen Verstoss wieder gutzumachen, lehnten wir uns an Cloquet an und entwarfen eine Art Zierleiste, die die Lücke zwischen seiner Balustrade und ihren Auflagern schliesst. Vor diese Retusche hängten wir unsere Wartungsbrücke.

On the occasion of the Ghent World's Fair in 1913, Louis Cloquet designed the Sint-Pieters Station as the final piece of a raised railway embankment. The five railway underpasses in that embankment, which he regarded as a series of city gates, today enjoy listed status. The gates connect to the slope with stone or brickwork quarter cones; they are perfect, skilfully detailed structures that respond to the varying spans and the hierarchy of the streets. Cloquet's infrastructure is architecture.
With the number of railway tracks increasing, there is now insufficient space left for a safe service path. To address that problem, we created new service walkways on either side of the bridges. They are identical and as transparent as possible – so as not to obscure Cloquet's subtle articulation of the urban hierarchy. Measures to counteract flexure make a construction heavy, so we opted for suspended walkways. Identical coffers form slightly different funicular curves, with spans ranging from 25 to 32 metres, and provide space below the walking surface for cables. The abutments are in the slopes, beyond the quarter cones and the view of the bridges. As such, there is no need to counteract their heaviness, which makes a contrast to the airy bridges.
On Krijgslaan the new bridge deck exceeds the width provided for by Cloquet. In addressing that encroachment, we sided with Cloquet and designed a decorative moulding that fills the hiatus between his balustrade and his support. We suspended our service walkway in front of this touch-up.

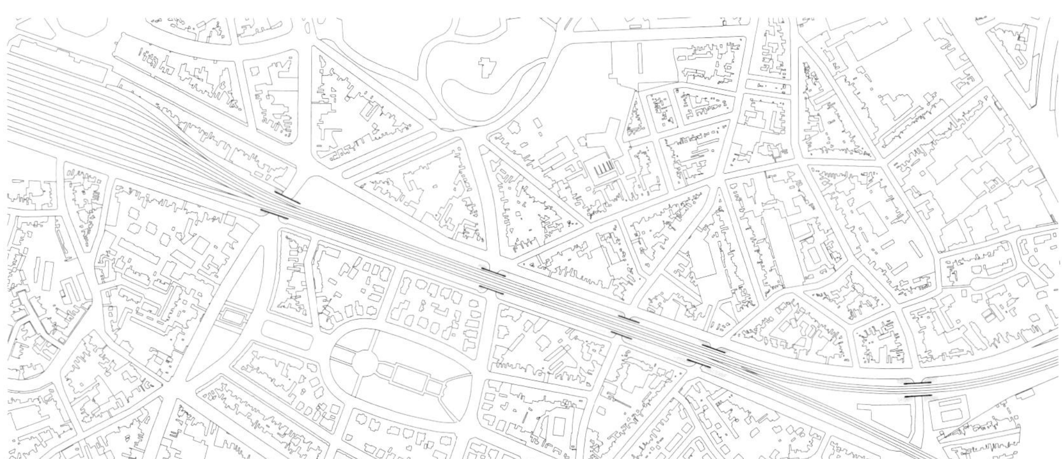

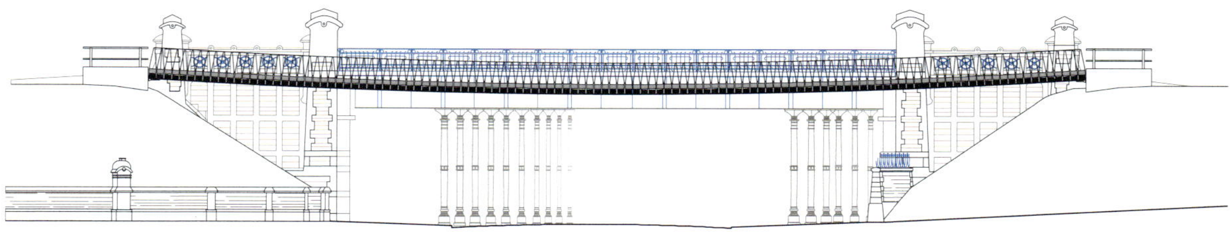

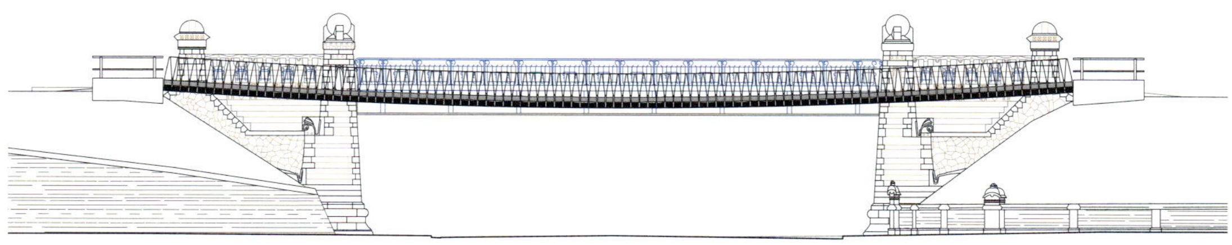

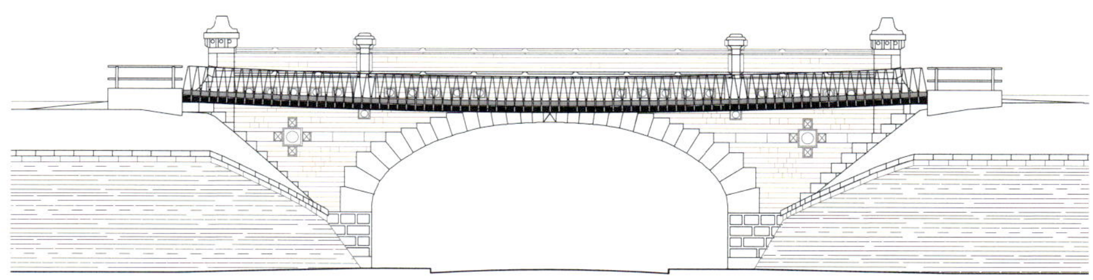

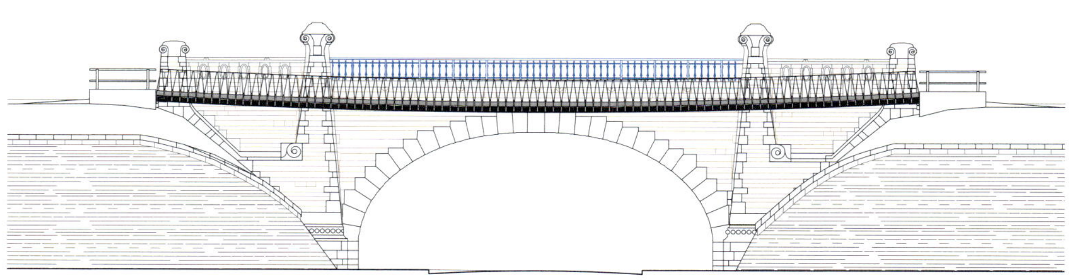

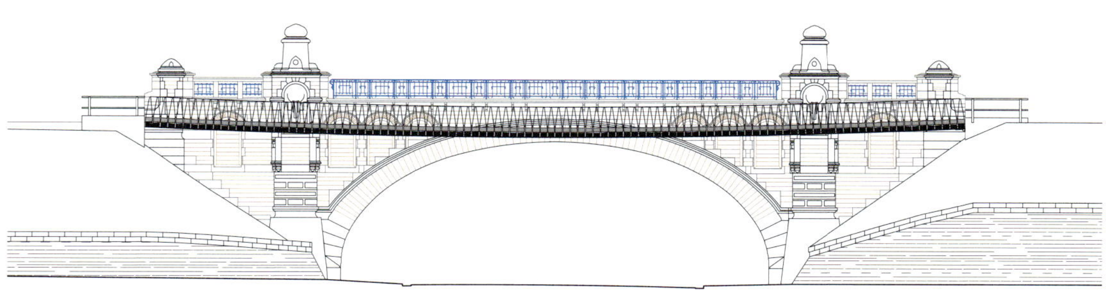

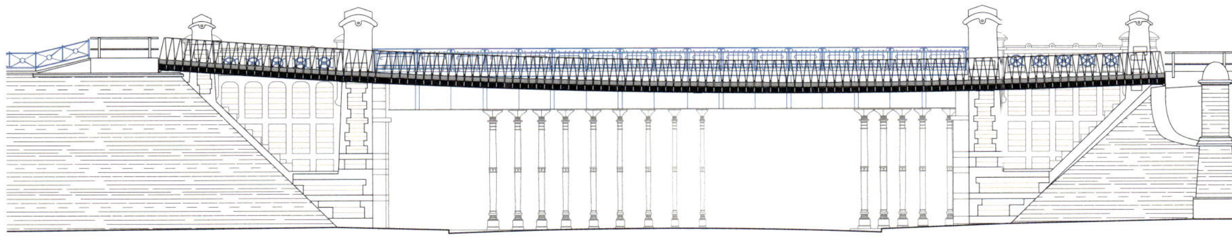

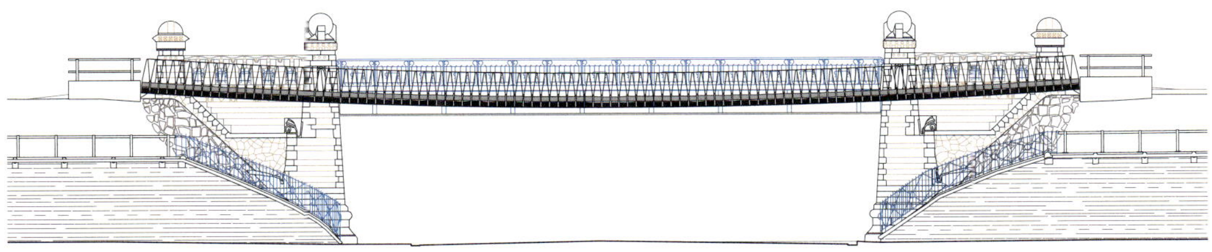

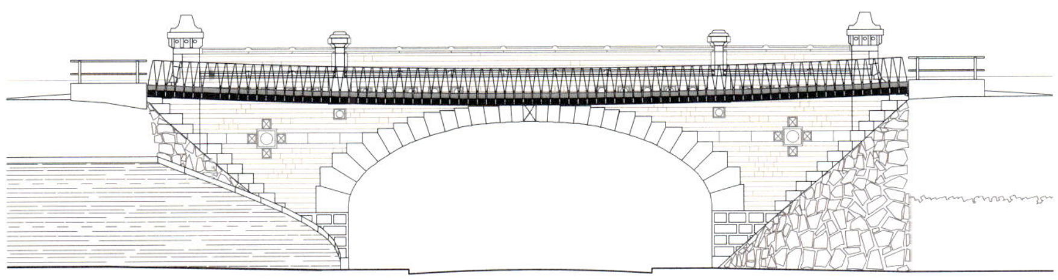

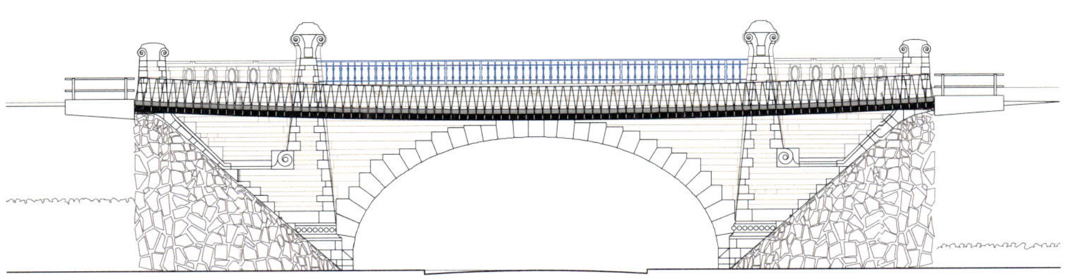

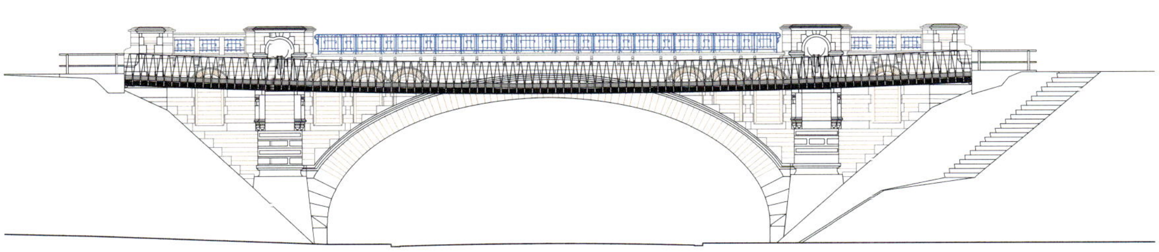

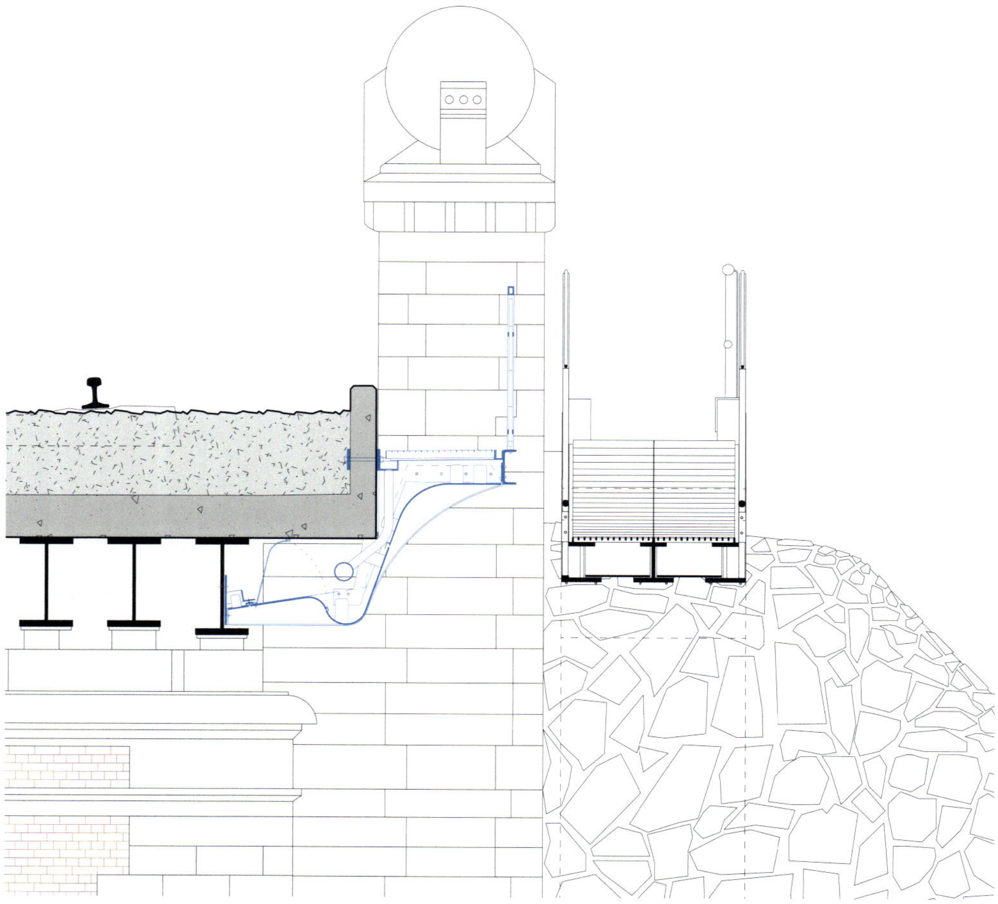

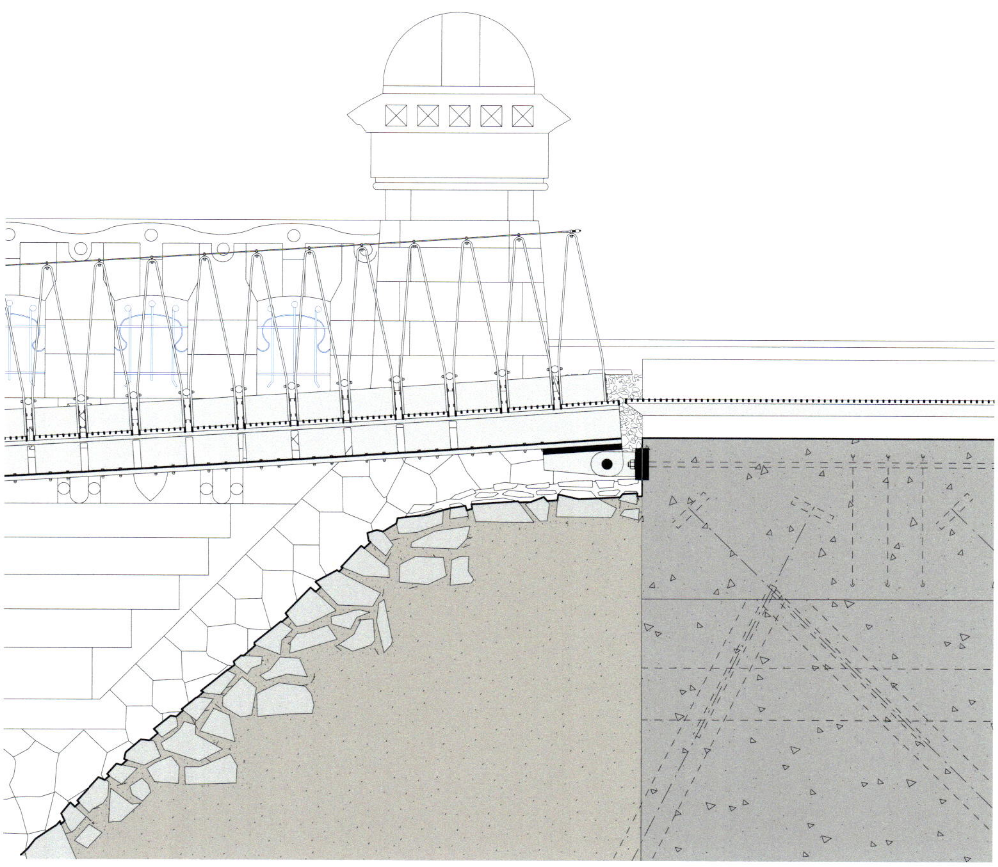

Intergenerationenprojekt Linker Oever, Antwerpen

Im Stadtteil Linkeroever ist die Grenze zwischen Garten- und Hochhausviertel sehr ausgeprägt. Für das Intergenerationenprojekt Linker Oever (IGLO) auf einem Grundstück im Hochhausviertel bildeten die Städtebauer von Technum mit drei Architekturbüros (De Smet Vermeulen, architecten de vylder vinck taillieu und Tom Thys architecten) ein Team, das einen einfachen Masterplan erstellte. Eine neue Strasse durchquert die Parks und den Hochhauszwischenbereich. An dieser Strasse erhalten bestehende und neue Einrichtungen eine Adresse, sodass eine gewisse Zentralität entsteht. Im Kontrast zu den umliegenden grossen Parks wird im Hochhauszwischenbereich die Dichte erhöht. Dort werden Flachbauten errichtet: ein Wohnpflegezentrum, eine Kindertagesstätte und ein Geschäft mit Seniorenwohnungen darüber – alle entworfen von De Smet Vermeulen. Die deutliche Grenze verblasst. Die gegensätzlichen Modelle ergänzen sich zu einer gemischteren, weniger segregierenden Stadtform.

Die drei Flachbauten haben ihre Eingänge an einem kleinen Platz, bilden aber Giebelfronten zur Strasse hin. Sie zeigen den Hochhäusern eine anregende Dachlandschaft und nehmen vielerorts Kontakt mit dem öffentlichen Bereich auf. Während rundherum grosse Parks liegen, befinden sich an der Innenseite aneigenbare Gärten. Die Anwohner schlendern auf dem Weg zur Cafeteria, zum Friseur und zu den Therapieräumen im Wohnpflegezentrum entlang

Linker Oever Intergenerational Project, Antwerp

In the Linkeroever (left bank) residential area there is a clear dividing line between the garden suburb and the high-rise estate. For the Linker Oever Intergenerational Project (IGLO), on a plot within the high-rise section, the Technum urban designers teamed up with three architectural firms (De Smet Vermeulen, architecten de vylder vinck taillieu and Tom Thys architecten) to produce a simple masterplan. A new street cuts through the parks and the plot walled by high-rises. Existing and new facilities address this street, creating a centre. In contrast to the extensive parks beyond it, the high-rise room is filled with low-rise buildings: a residential care complex, a child care centre and a shop topped by flats for the elderly – all designed by De Smet Vermeulen. The clear dividing line was blurred. The conflicting models become complementary and evolve into a more mixed, less segregated urban form.

The three low-rise buildings have their entrances on the square, but their ridges are perpendicular to the street. They present an animated roofscape to the high-rise and impact on the public domain in many ways. While outside the high-rise room there are large parks, inside it we created gardens. Local residents heading for the cafeteria, the hairdresser or the therapy rooms in the residential care complex, walk past the child care centre's garden, which will hopefully result in seniors getting involved in child care activities. Residents with a ground floor

Wettbewerb/Competition: 2006
Gesamtplan/Masterplan: Technum, De Smet Vermeulen architecten, architecten de vylder vinck taillieu, Tom Thys architecten
Architekturentwurf/Architectural design: 2006–2012
Ausführung/Construction: 2011–2014
Projektleitung Wohn- und Pflegezentrum/Project management, residential care centre: Tine Van de Wiele, David Schelstraete
Projektleitung Geschäftsräume und Seniorenwohnungen/Project management, shops and flats for senior citizens: David Schelstraete
Projektleitung Kindertagesstätte/Project management, child care centre: Benjamin Eggermont
Mitarbeiter/Collaborators: Els Van Meerbeek, Anabel Houtekier, Nikolaj De Meulder
Bauingenieur, Haustechnik, Landschaftsgestaltung/Civil engineering, building technology, landscape design: Technum

N
20 m

des Aussenbereichs der Kindertagesstätte, wodurch die Verbundenheit der Älteren mit der Kindertagesstätte gefördert werden soll. Bewohner mit einem Zimmer im Erdgeschoss brauchen nicht den Haupteingang zu nehmen, sondern können über den Garten zu ihrem jeweiligen Zimmer gelangen. In den Seitenstrassen haben die Apartments für die befristete Aufnahme ihre eigenen Zugänge.
Die meisten öffentlichen Bereiche des Wohnpflegezentrums sind zum Platz hin orientiert. Dahinter liegen die Gruppenwohnräume und nochmals ein Stück weiter finden sich rund um die Gärten die individuellen Zimmer. Der Weg vom Haupteingang zu den Zimmern führt nicht an endlosen Zimmerreihen vorbei, sondern entlang veschiedener Wohnatmosphären. Eine Querverbindung reiht die Häuser quasi auf, wodurch das Personal keine langen Distanzen zurücklegen muss.
Im Falle von grossen Anzahlen dienen Unterschiede der leichteren Orientierung. In den nördlichen und südlichen Häusern ist die Treppe jeweils anders angeordnet. Nur die Zimmer zum Garten sind mit Fenstertüren ausgestattet. Das Erdgeschoss, das erste und das zweite Obergeschoss differieren. Unter dem Dach ist die Dachform sichtbar. Permutationen der Farbzusammenstellung differenzieren jeden Gang und jedes Zimmer. Und auch die Aussicht aus dem Fenster, wo sich die neue Architektur in aufeinanderfolgenden Lagen gegen die Hochhäuser abzeichnet, trägt zur Orientierung bei.
Grossflächiger Materialeinsatz stellt den Zusammenhang mit den Hochhäusern her. Die Felder in den verputzten Flächen des Wohnpflegezentrums lassen an ein überdimensionales Bossenquaderwerk denken, die Linienführung des Aluminiums nimmt ihm jedoch jede Schwere. Während die Seniorenwohnungen eine Variation des Wohnpflegezentrums darstellen, wurde die Kindertagesstätte bewusst anders gestaltet. Sechs Einheiten – drei Patios, zwei Gänge und ein Garten – sorgen für ein klares Konzept. Da Kinder noch nicht die Klischees der Erwachsenen kennen, ist die Fantasie vorrangiger. Eine Lampe und eine Baffel können ein Zugvogel sein, ein Kaminrohr oder ein Samowar auf einem fliegenden Teppich.
Ein in Motiven angepflanztes Gründach sorgt als eine Art schwere Decke für ein stabiles Innenraumklima. Die Wölbung, die ein kleines Obergeschoss einschliesst, kann aufgrund der regelmässigen Deckenfeldstruktur einfach als Regelfläche errichtet werden. Innen symbolisiert das diagonal hinauflaufende Dach das langsame Grösserwerden – wie in den Fassaden die in Stülpschalung angebrachten «schräg zugeknöpften» Faserzementplatten, die über der Aluminiumleiste grösser werden. Diese Leiste bildet einen Horizont im Raum, an dem das Wachstum ablesbar ist.

room need not to use the main entrance but can enter via the garden. On the side streets, the flats for short-term accommodation have their own entrances.
The most public parts of the residential care complex face the square; behind them are the communal living spaces and behind that again the individual rooms, grouped around the gardens. So instead of passing endless rows of identical rooms, the route from the main entrance to a room passes through a variety of residential milieus. A transverse route strings the houses together, resulting in short distances for the care professionals.
When dealing with large numbers, differentiation helps with orientation. In the northern and southern houses, the stair is positioned differently. Only rooms facing the garden have French windows. The ground, first and second floors differ. Below the roof, the roof shape is visible. Permutations of a colour palette differentiate each corridor and each room. The rest is done by the views from the window, where the new architecture manifests as successive layers against the high-rise.
Large-scale materials forge a link with the high-rise. The rendered façade panels of the residential care complex evoke gigantic rustication, but the aluminium lineation removes any suggestion of heaviness. While the seniors' flats are a variation on the residential care complex, the child care centre is intentionally different. Six units, three patios, two corridors and one garden make for a lucid plan. But because children are not yet familiar with adult clichés, the need for imagination is more compelling. A lamp and a cloth sound baffle could be a migratory bird; and a ventilation pipe a samovar on a magic carpet.
Like a heavy blanket, a green roof planted in motifs keeps the indoor climate stable. Thanks to the regular bay structure, the curve, which encloses a small upper floor, was easy to build as a ruled surface. Inside, the sloping roof conveys gradual growth, as do the weatherboarded, "crookedly buttoned" cement fibre boards in the facades, which become bigger above the aluminium rail. The rail itself sets a metaphorical bar against which growth can be measured.

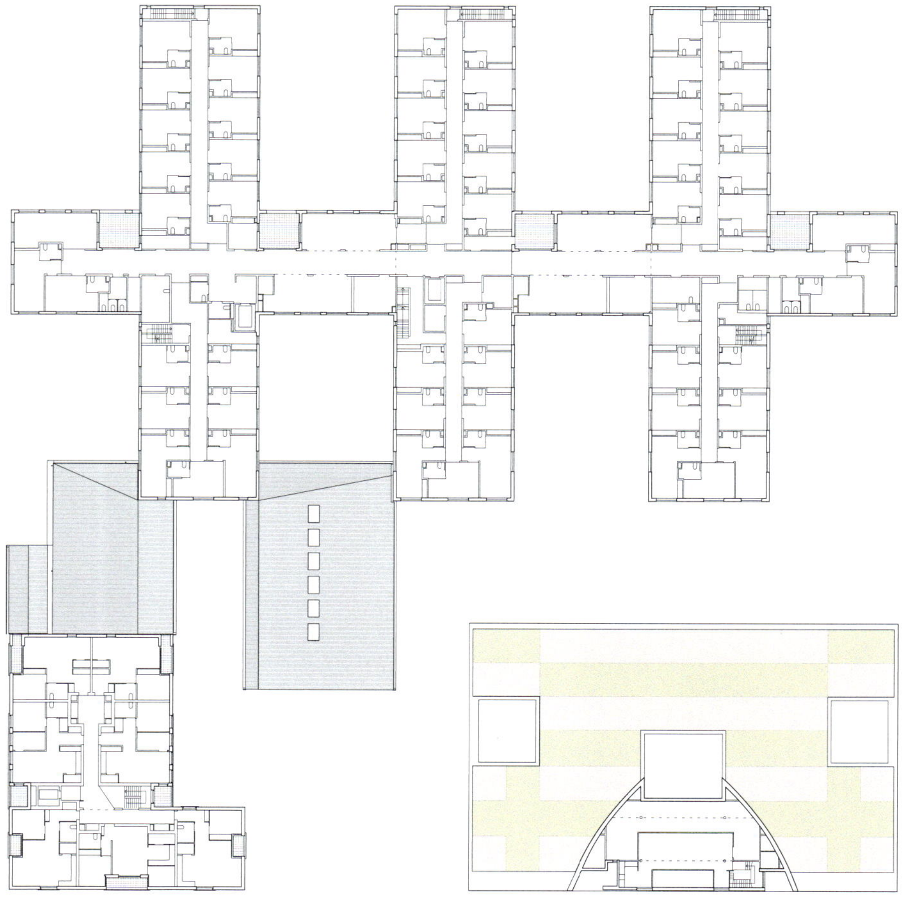

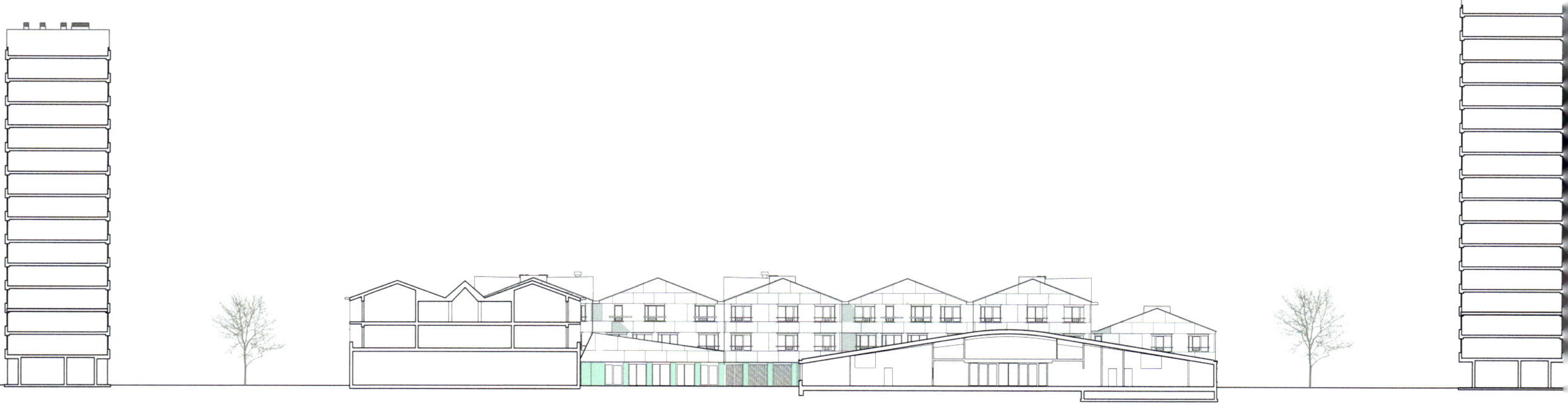

welkom in huis Sideria

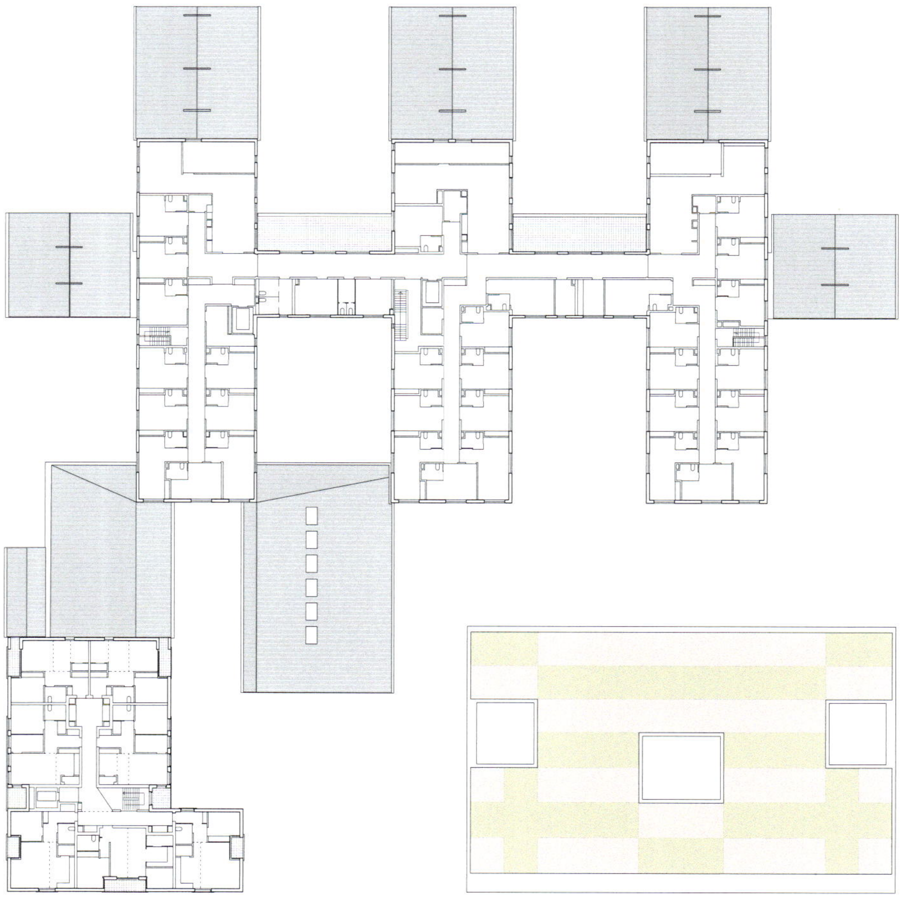

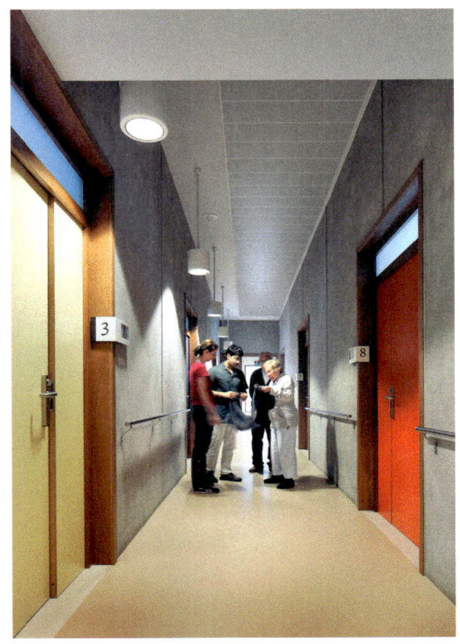
3
8

huis
Windekind

't Zand

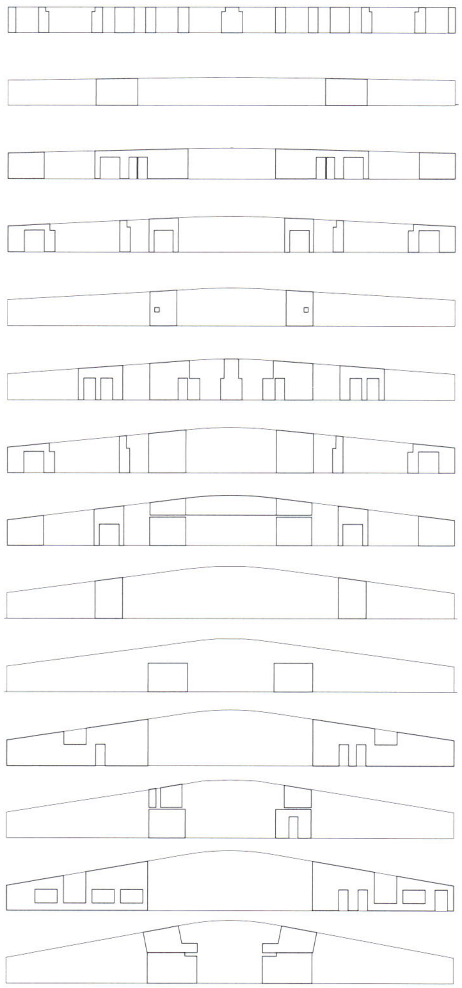

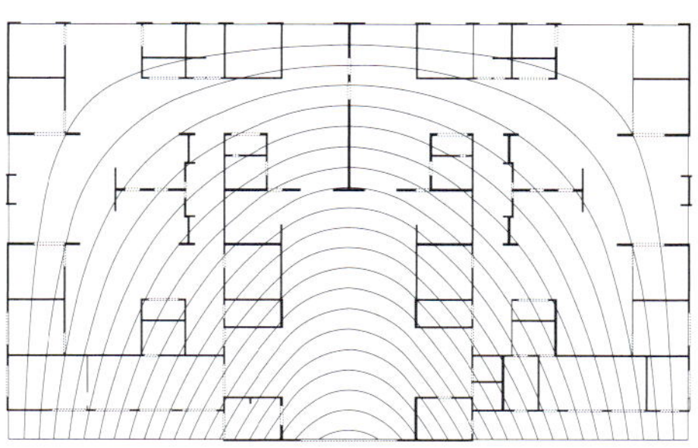

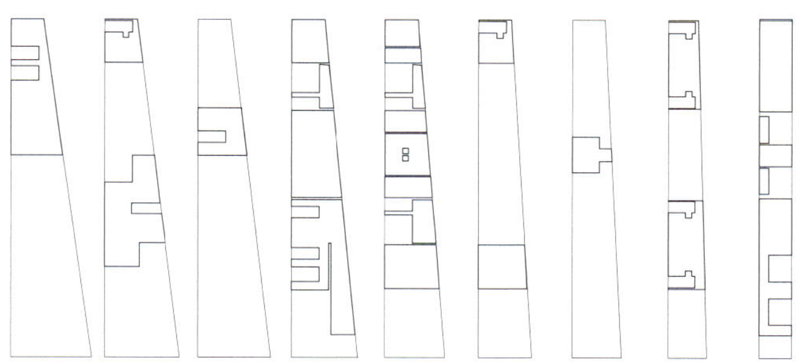

't Zand
Kinderopvang
Strandloper

Entwurf/Design: Studio Roma und/and De Smet Vermeulen architecten, 2009–2014
Ausführung/Construction: 2010–2015
Projektleitung/Project management: De Smet Vermeulen architecten: Peter Geens
Bauingenieur/Structural Engineer: Norbert Provoost bvba
Restaurierungstechnik/Restoration specialist: Linda Van Dijck

Restaurierung Mägdeturm, Zichem

Der Mägdeturm ist ein Donjon aus dem 14. Jahrhundert, der teilweise eingestürzt ist. Eine originalgetreue Rekonstruktion ist praktisch unmöglich, da es keine historischen Dokumente gibt und das Baumaterial, ein Eisensandstein aus der Gegend, nicht mehr erhältlich ist. Das Ziel der Restaurierung war also, die Ruine zu sichern, einen weiteren Verfall zu verhindern und den Turm als Aussichtspunkt auf die Landschaft zugänglich zu machen. Die Turmrestaurierung stützte sich auf eine bautechnische Logik: Die meterdicken abbröckelnden Mauern müssen abgedeckt werden, die Ausbesserung der runden, innen achteckigen Geometrie garantiert Stabilität.
Ein Weg führt zu einer Zugangsbrücke – überdeckt, um die Besucher vor Gesteinsgrus zu schützen. Der Stalldurchgang aus dem 19. Jahrhundert ist der Zugang. Eine lange Metalltreppe führt nach oben, wo in der Bresche der Fassade eine Treppe errichtet wurde. Die Treppenpodeste schliessen die in die Donjonmauern injizierten Kunstharzverstärkungsringe. An der Innenseite nehmen Betonstützen den Platz von eingestürzten Kreuzgewölben ein, aussen schliesst eine gemauerte Schale den Zylinder. Ziegelsteingrosse Öffnungen beleuchten die neuen Treppen, ohne den historisch nicht belegten Fassaden neue Fenster aufzudrängen.
Die letzte zum Dach führende Treppe ist eine Wendeltreppe, sie ist in einen in der Mauer angetroffenen Treppenschacht eingebaut. Die Stahlstruktur, welche die meterbreite Mauerkappe über die zerbröckelte Mauer hebt und in der Silhouette den Kreis wiederherstellt, bildet ein *Tempietto*, dessen Obergeschoss als Aussichtsfläche dient.

Restoration of the Maagdentoren, Zichem

The Maagdentoren in Zichem is a partially collapsed, fourteenth-century dungeon. Reconstruction is virtually impossible because the historical documentation is lacking and the building material, a local ironstone, is no longer available. The aim of the restoration was to consolidate the ruin, prevent further deterioration and render the tower accessible as a viewing platform for the surrounding landscape. The restoration was based on structural logic: the metre-thick, crumbling walls needed to be capped, while repair of the cylindrical, internally octagonal, geometry would ensure stability.
A path leads to an access bridge – covered to protect visitors from falling debris. Access is via the nineteenth-century stable entrance. A long metal stair leads to the upper floor where a staircase fills the breach in the outer wall. The stair landings plug the gap in the reinforcement rings of injected synthetic resin in the dungeon walls. On the inside, concrete piers replace collapsed cross vaults, on the outside a brick shell closes the cylinder. Brick-sized openings illuminate the new stairs without the need to perforate the elevations with new and historically unvalidated windows.
The final stair to the roof is spiral, built into a stair shaft discovered in the wall. The steel structure that raises the metre-thick wall coping above the crumbling wall and restores the circle in the silhouette, generates a *tempietto* whose upper level serves as an observation post.

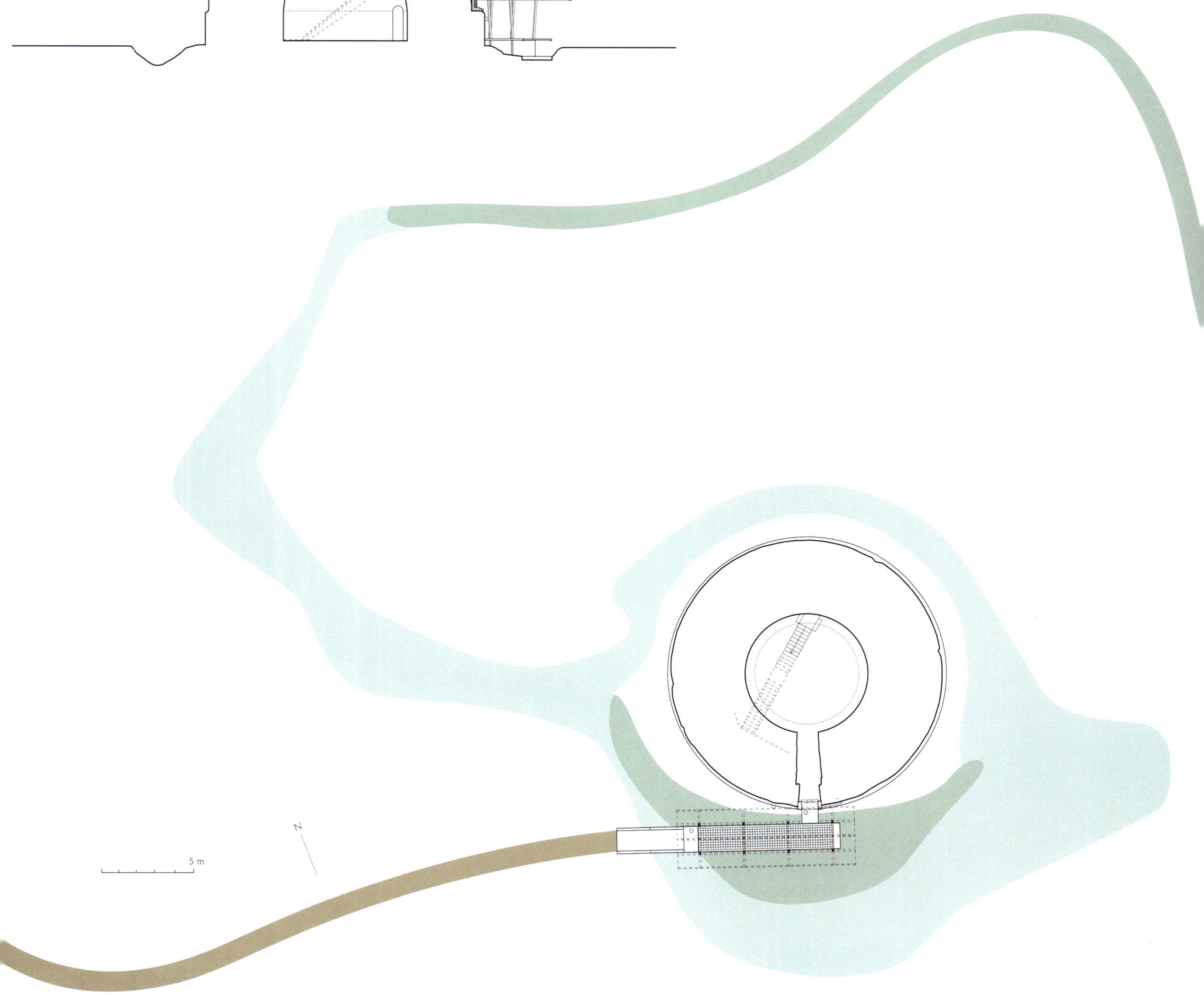
N
5 m

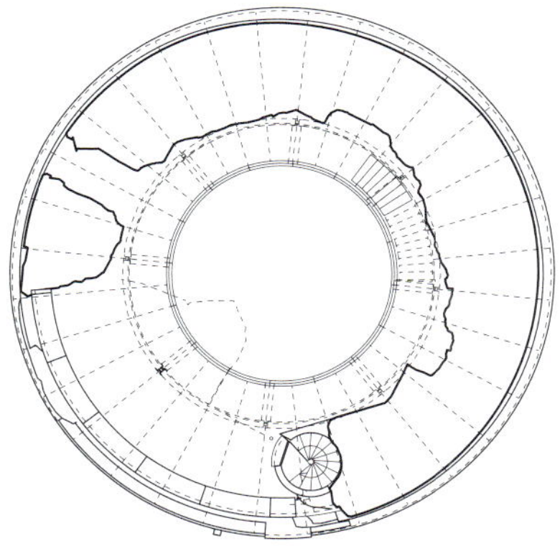

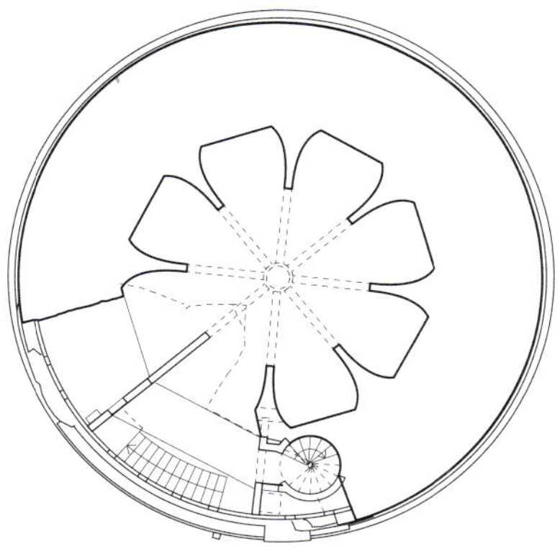
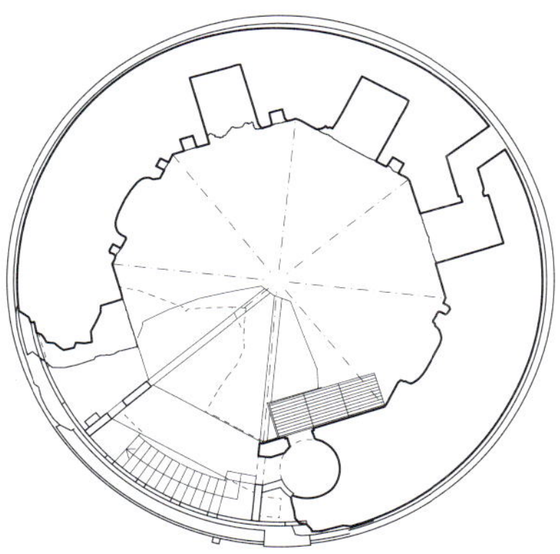
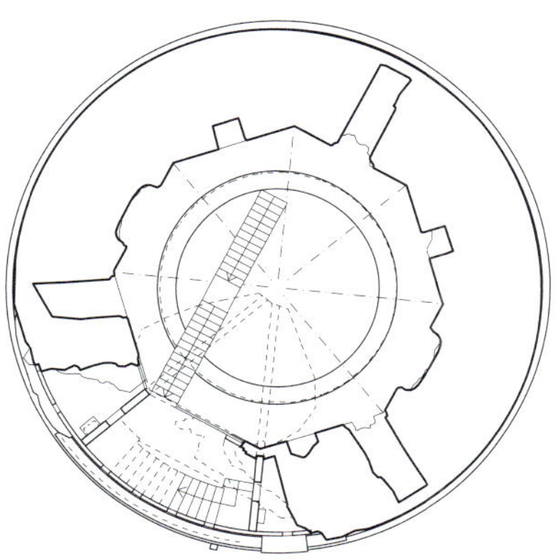
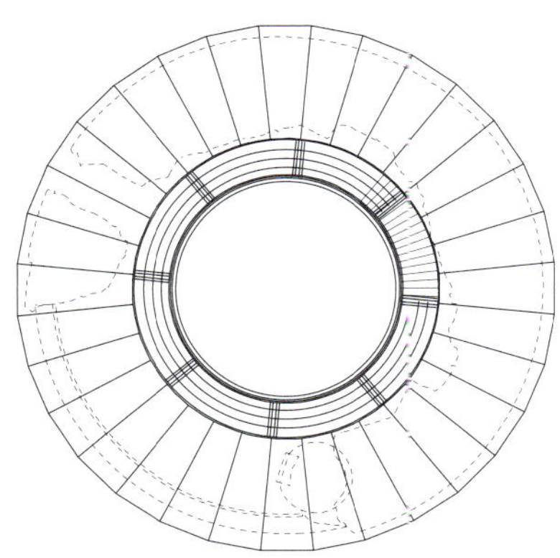

Villa und Gartenhaus Braeckman-Staels, Sint-Martens-Latem

2000: Zwei Kräfte wirken auf dieses Haus ein. Einerseits die beinahe mythische Qualität des Bauplatzes: ein Obstgarten, versteckt hinter anderen Häusern, mit Sicht auf eine Windmühle, eine Art universelle Version der Ländlichkeit; andererseits Bauvorschriften, die diese Ländlichkeit auf eine Schablone reduzieren wollen. Gegen diese Reduktion brachten wir die Unbestimmtheit persönlicher Erinnerungen an Landhäuser ein, in denen es sich gut wohnen liess. Das ergab Haus, das seine Frontalität seitlich zur Schau stellt, das kompakt und dennoch entspannt, zusammengesetzt und dennoch nicht ausufernd ist. Der First verschiebt sich: Der spiralförmige Entwurf erhebt sich langsam über dem Geländeniveau und drückt das Dach vor sich nach oben. Es gibt sowohl geschlossene Zimmer als auch Durchsichten, welche die Zimmer aneinanderreihen. Ein Mittelpunkt ist nicht vorhanden, aber ein paar Mal erinnert ein Dachfirst in einem Zimmer an das Bild des Hauses.
2012: Der Garten ist üppig und ausgewachsen, die Terrasse und der Kräutergarten haben sich zu einem Hof entwickelt, flankiert von einem Gartenhaus im Obstgarten, das der Architektur des Landhauses in einem untergeordneten Register folgt. Die Räume sind innen nicht miteinander verbunden, sie haben alle ihre Tür unter dem Vordach und besitzen komplett unterschiedliche Charaktere. Es gibt eine Werkstatt, einen Keller für elektrisch verstärkte Musik, einen Hobbyraum und – ganz hinten – einen Hühnerstall. Die Werkstatt ist klein, aber das Vordach bietet extra Platz. Sowohl vom Keller als auch vom Hobbyraum aus kann über eine kleine Leiter eine Schlafkoje auf einem Spitzboden erreicht werden. Ein Ofen und eine Regentonne verleihen dem Gartenhaus eine grundlegende Unabhängigkeit.

Braeckman-Staels Villa and Garden Shed, Sint-Martens-Latem

2000: Two opposing forces impacted on this house; on the one hand the quasi mythical quality of the building site – an orchard, hidden behind other houses, with a view of a windmill – as a universal vision of rural charm; on the other hand, a building regulation intent on reducing this rural idyll to a stereotype. We countered this reductiveness with the vagueness of personal recollections of highly liveable country cottages. This resulted in a front-facing house that is approached from the side, is compact and yet relaxed, complex but not convoluted. The ridge shifts: the spiral plan slowly raises itself above the ground plane, pushing the roof ahead of it. There are both private rooms and enfilades that string the rooms together. There is no centre, but on a couple of occasions a ridge in a room recalls the external image of the house.
2012: By now the garden is lush and fully grown, while the terrace and the herb garden have evolved into a rural compound, balanced by a garden shed in the orchard, which emulates the architecture of the main house, but in a lower register. The shed's spaces are not internally connected; each has its own door beneath the canopy and is different in character from the others. There is a workplace, a basement for electronically amplified music, a hobby room and, at the rear, a henhouse. The workplace is small but the canopy provides additional space. Both the basement and the hobby room are linked by a ladder to a sleeping alcove in the loft. A stove and a rainwater tank afford the garden shed a basic level of self-sufficiency.

Entwurf/Design: 1996–1999
Ausführung/Construction: 2000
Mitarbeiter/Collaborators:
Axel Cayman, Marleen Goethals, Tom Thys
Entwurf Gartenhaus / Shed design: 2010–2011
Ausführung/Construction: 2011–2012
Projektleitung/Project management:
Nikolaj De Meulder

KORG

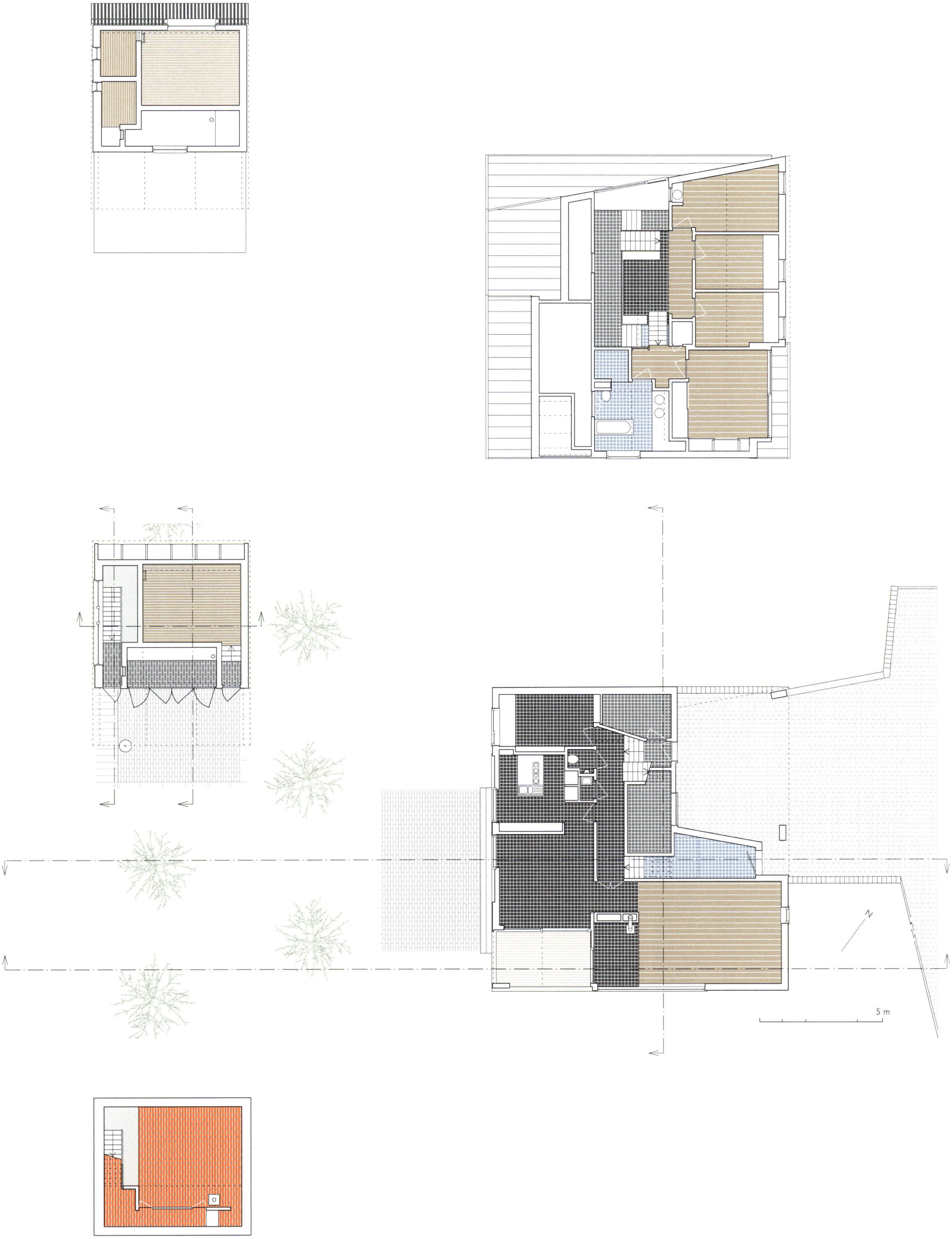
5 m

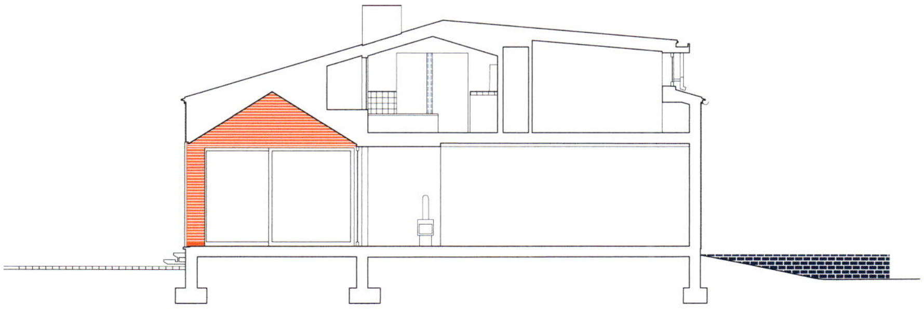

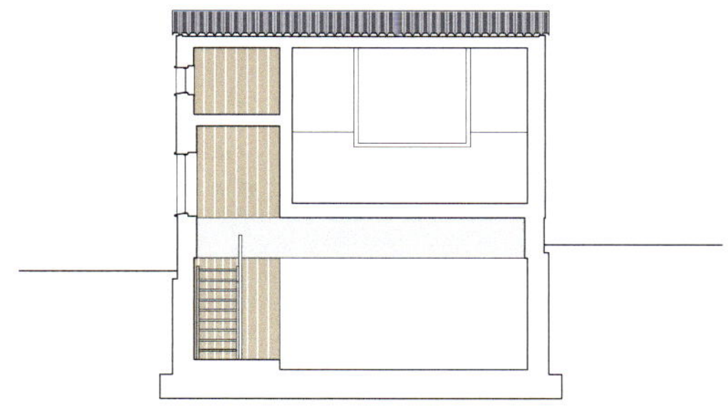

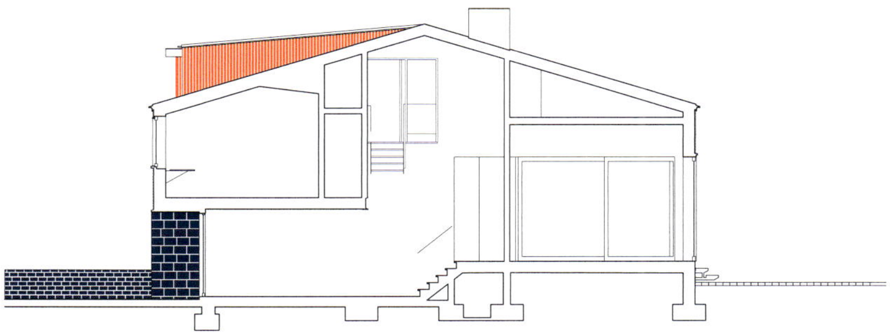

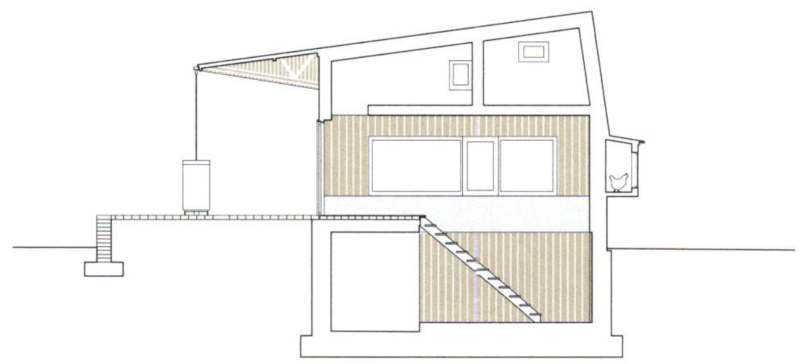

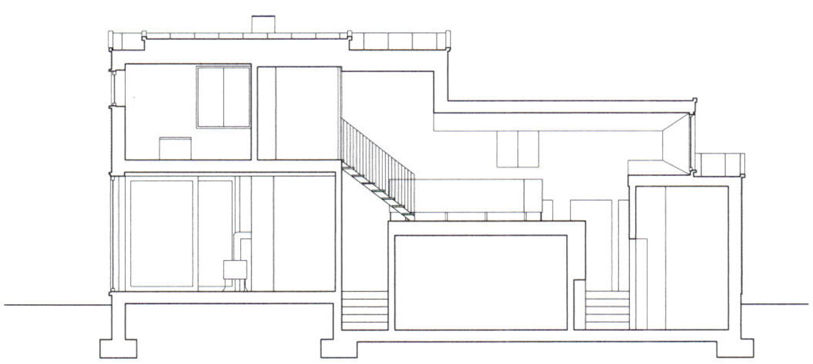

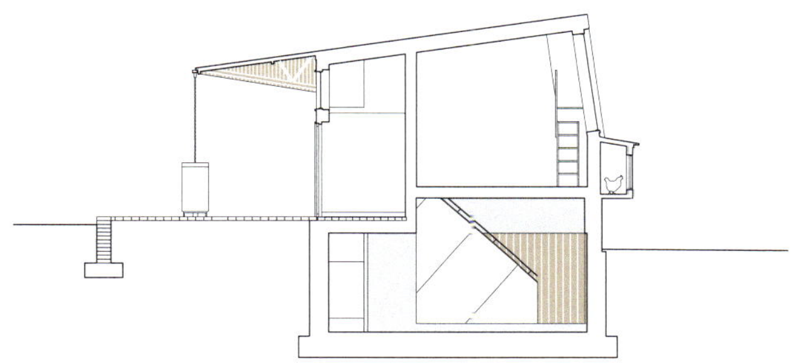

Lieber Hans,

Architekten geben Antworten, sie sprechen nicht als Erste.
Nehmen wir also am Ende dieses Buchs eine deiner Aussagen her. «Das Schema gibt dem Gebäude seinen Platz [...]. Auf der anderen Seite des Entwurfsprozesses stehen die Materialien, die vorgefertigten Bauprodukte und die Konstruktionen [...] und auch die alltäglichen Wohnspuren der Stadtbewohner.»
Diese Auslegung impliziert, dass sich die Arbeit des Architekten auf beiden Seiten einer imaginären Trennlinie abspielt. In dem Gebiet, das du als die «andere» Seite bezeichnest, ist der Architekt nicht allein: Auch die Bewohner lassen hier ihre Spuren zurück. Der Architekt ist der erste Bewohner seiner Arbeit, der Erste, der Spuren hinterlässt und bereits bei der Abnahme wieder auszieht. Dasselbe gilt auch für jene Seite, die du die «Seite des Schemas» nennst. Auch hier befindet sich der Architekt in Gesellschaft anderer, die ihren Einfluss energisch geltend machen.
Das bedeutet also, dass der Architekt keinen Bereich hat, in dem er alleine herrscht. Was er auch tut, er ist immer in Verhandlung mit anderen. Was den Architekten in dieser Auffassung so einzigartig macht, ist, dass er einen grösseren Bereich überblickt als alle anderen, er überblickt beide Seiten. Der Schwerpunkt seiner Aufmerksamkeit liegt nicht links oder rechts dieser Trennlinie: Er liegt genau dazwischen. Er stellt genau diese Trennlinie dar.

Dear Hans,

Architects respond, they are not the first to speak.
Let us look at one of the things you say at the end of this book. "The diagram puts the building in just the right place... The other side of the design process is about the materials, the assembled building products and structures... It is also about the everyday life of the city dweller."
This approach implies that the work of the architect takes place on either side of an imaginary dividing line. The architect is not alone in the area which you describe as "the other side": the resident also lives there. The architect is thus the first to inhabit their own work, the first to leave their traces and who moves out when the handover takes place. The same applies to the first side, which you refer to as the diagram. There too, the architect is surrounded by others who exercise a powerful influence.
This means therefore that there is no area in which the architect has complete command. Whatever the architect does takes place in consultation with others. What is unique to the architect in this situation is that the architect has more of an overview than the rest: the architect sees both sides. The architect's focus of attention will not be on either side of that dividing line – but in between. That is the dividing line.

1

2

3

Der Kern der Architektur ist also ein messbarer Ort, ein gewichteter Durchschnitt, annäherungsweise berechenbar, ungefähr zwischen langlebigen und weichen Schichten, zwischen Typologie und Repräsentation, zwischen vollendeten Tatsachen und eigenem Willen. Dieser Kern ist leer wie ein Atom, aber voller Energie, die um ihn kreist.

Ja, diese Auffassung gefällt uns. Ein derartiges Gefühl hatten wir auch bei der Zusammenstellung dieses Buchs. Der Kern der Architektur lässt sich nicht scharf stellen. Wir haben es verschiedene Fotografen versuchen lassen. Manche Fotos stammen aus der Zeit, direkt nachdem wir «ausgezogen sind», andere entstanden, als wir noch nicht fertig waren, und bei einigen kommen die Spuren anderer dominant ins Bild. Schwierig zu definieren, wo unsere Arbeit beginnt und wo sie endet. Alle Fotos werden durchkreuzt.

Es hat dich nicht daran gehindert, das Wort «Autor» zu verwenden.

Wir sind erleichtert, dass Arbeit, die von links und von rechts in die Mitte gezogen wird, dennoch persönlich sein kann.

hdspv 2015

The essence of architecture is therefore a geometrically determined place approximated by calculation, somewhere between the fixed and malleable layers, between typology and representation, between immutable fact and intention. The core is as empty as an atom, but at the same time full of the energy circling around it.

Yes, we like this description. That's how it felt when compiling this book. The essence of the architecture is not something that can be brought into sharp focus. Various photographers have attempted to do so. Sometimes the photos date from "just after we moved out", sometimes we were not yet ready to do so, sometimes you can clearly see the traces left by others. It is difficult to ascertain where our work begins and ends – the photos span the whole spectrum.

But you used the word auteur.

We are relieved to see that work that has been drawn from left and right into the middle can still be personal.

hdspv 2015

5

6

7

4

Werkverzeichnis / List of Works

Auswahl Bauten, Projekte und Wettbewerbe / Selection of buildings, projects and competitions

	1990	Wohnhaus K. in Z.
	1992	Wohnhaus und Atelier Leopold & Zonen, Gent
		Wohnhaus Vanderbeck-Arnold, Sart-Messire-Guillaume
	1994	Wohnhaus Martina, Wetteren
		Wohnhaus De Smet-Claus, Aalst
	1998	Erweiterung Landbauinstitut, Heverlee
	2000	Villa Braeckman-Staels, Sint-Martens-Latem
		Renovierung Metrostation Maalbeek, Brüssel (Künstler: Benoît Van Innis)
		Paloma, Entwurf für ein Wohnboot, Parasite Foundation
1	2002	Pradopark Kortrijk, städtebaulicher Entwurf und sozialer Wohnbau mit 50 Wohneinheiten (mit Marleen Goethals und Bart Van Schuylenbergh)
	2004	Städtebaulicher Entwurf Nederhem, Halle
2	2005	Bürogebäude VMM, Aalst (Künstler: Patrick Van Caeckenbergh)
		Umbau Postlofts, Brüssel, 9 Wohneinheiten, Büro und Ateliers
		Wohnhaus und Atelier Apostelhuizen, Gent
3	2006	Bürogebäude Rendac, Denderleeuw
		Feuerwehrhaus, Wespelaar
	2007	Vorentwurf Jasinski-Pavillon, Brüssel
4	2008	Bibliothek und Erweiterung Kulturzentrum, Beveren (Künstler: Ana Torfs und Gerda Dendooven)
		Aktionsplan Architektonisches Erbe, Ostende
	2009	Städtebaulicher Entwurf Nieuw Zurenborg, Antwerpen (mit Palmbout Urban Landscapes)
		Städtebaulicher Entwurf Tinel-Site, Mechelen
	2010	Gesundheitszentrum Brugse Poort, Gent
		Entwurfsberatung Noorderlaanbrug Antwerpen (Entwurf: TV SAM)
5	2011	Galerie EL, Kunstgalerie mit Wohnhaus, Welle
6		Wohnhaus Lanckmans, Itterbeek
		Umbau Wohngebäude in 4 Maisonettewohnungen, Luchtbal, Antwerpen
8		Loose Fit & Kangaroo, Multiplex-Tische für LABT
	2012	Geladener Wettbewerb, Rabot, Gent, sozialer Wohnbau mit 350 Wohneinheiten
		Entwurfsstudie Havenwijk-Zuid, Leiden, Erneuerung der Stadt
		Gartenhaus Braeckman-Staels, Sint-Martens-Latem
7		Wohnhaus Vandeweghe-Wille, Burst

8

9

7

10

9 2012 Lückenbebauung mit 3 direkt von der Strasse aus zugänglichen Wohneinheiten, Borgerhout Antwerpen
10 Geladener Wettbewerb, Stadtbibliothek in Predikherenklooster, Mechelen (mit Studio Roma)
2013 Intergenerationenprojekt Linker Oever (IGLO), Kindertagesstätte de Strandloper, Antwerpen
2014 Städtebaulicher Entwurf Broek, Motor für Gesellschaftsbildung, Vilvoorde (mit Marleen Goethals)
Intergenerationenprojekt Linker Oever (IGLO), 12 Seniorenwohnungen und Geschäfte, Antwerpen
Intergenerationenprojekt Linker Oever (IGLO), Wohnpflegezentrum ’t Zand, Antwerpen
Polizeidienststelle Kioskplaats, Antwerpen
14 Geladener Wettbewerb, Wohnen im Rijsenbergpark, Gent
Entwurfsteam: Robbrecht en Daem, De Smet Vermeulen, Bovenbouw
Entwurf Wohnturm Warchawchik, Fahrradbrücke, Park: De Smet Vermeulen
11 Geladener Wettbewerb, Provinciehuis in der Leopoldskaserne, Gent
(mit Ar-Te, Studio Roma, Architecture Workroom Brussels)
2015 Entwurfsstudie zur Umgestaltung von Kirchengebäuden, Westflandern
Entwurfsteam: De Smet Vermeulen, noA
Restaurierung Mägdeturm, Zichem (mit Studio Roma)
Geladener Wettbewerb, Portus Ganda, Gent; Umgestaltung Belgacom-Site
Entwurfsteam: De Vylder Vinck Taillieu, De Smet Vermeulen, EVR
Geladener Wettbewerb, Baublock Cadix A5, Eilandje, Antwerpen
Entwurfsteam: De Smet Vermeulen, FVWW, Havan-a, De Gouden Liniaal
Geladener Wettbewerb, Zone M, Tour et Taxis, Brüssel
Entwurfsteam: Caruso St John, De Smet Vermeulen, FVWW

Laufende Projekte:
12 Cordonnier-Site, Wetteren,
Städtebaulicher Entwurf, Umbau und Erweiterung Akademie, Umbau Fabrik in Unternehmerzentrum
Bootsman Jonson, Ostende, städtebaulicher Entwurf, 130 Wohneinheiten
Bourgoyen Gent, Büro Natuurpunt und Klubhaus JNM
13 Krono Tondelier Gent, multifunktionelles Gebäude, Gent
Burggravenlaan Gent, Erweiterung denkmalgeschützter Eisenbahnunterführungen
Entwurfsstudie Utrecht Gesunde Stadt, IABR Rotterdam
Städtebaulicher Entwurf Slachthuis-Site, Antwerpen (mit Palmbout Urban Landscapes)

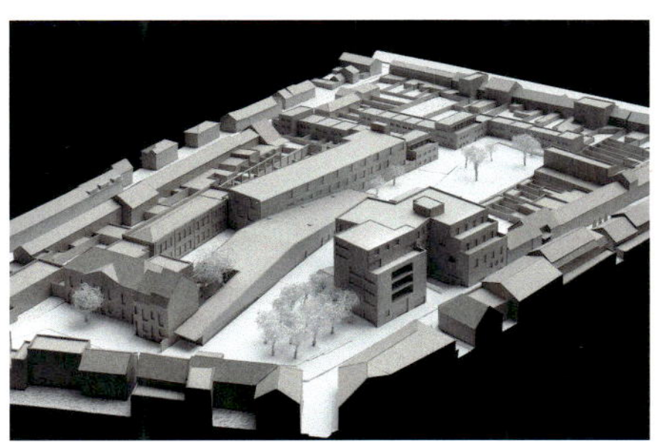

11

12

14

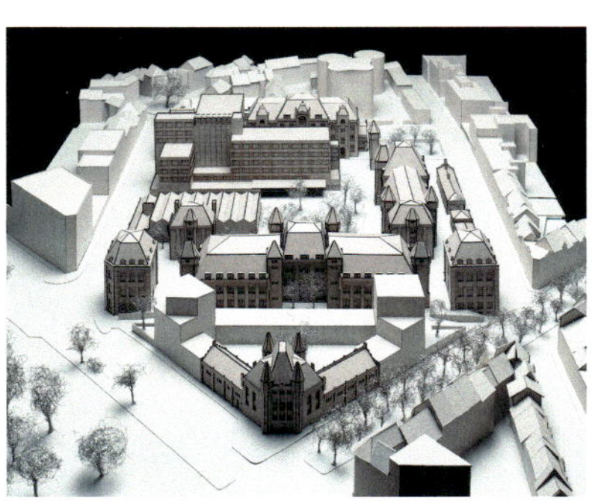
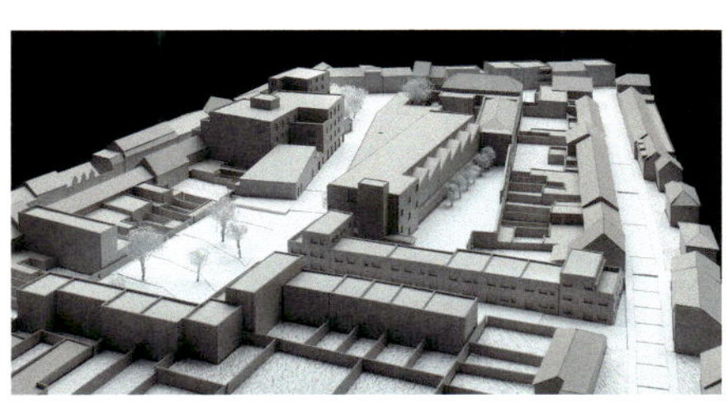

13

Was muss ich wissen, um entwerfen zu können?

Ich muss die Zeitung lesen und versuchen zu verstehen, was in der Gesellschaft eine Rolle spielt. Ich muss mir dazu eine Meinung bilden. Ich muss die Gegenstände, Orte und Bauwerke in meiner Umgebung untersuchen und versuchen zu verstehen, warum sie sind, wie sie sind. Das wird mir gefallen oder nicht.

Ich muss die Gegenstände, Orte und Bauwerke, die als etwas Besonderes gelten, untersuchen und versuchen zu verstehen, warum sie sind, wie sie sind, und ferner muss ich versuchen zu verstehen, warum sie als etwas Besonderes gelten. Das wird mir gefallen oder nicht.
Ich muss lesen und studieren, was in der Gesellschaft eine Rolle spielt – über die Gegenstände, Orte und Bauwerke in meiner Umgebung; über die Gegenstände, Orte und Bauwerke, die als etwas Besonderes gelten – um meine ersten Eindrücke zu überprüfen, zu korrigieren und zu vertiefen.

Dann muss ich etwas anderes tun und versuchen, alles zu vergessen. Das wird mir nicht gelingen. Deshalb muss ich weiterhin lesen und studieren, weiterhin die Zeitung lesen und immer mehr Gegenstände, Orte und Bauwerke untersuchen, bis ich so viel weiss, dass ich frei von dem bin, was ich weiss.

In dem Masse, in dem ich frei von dem bin, was ich weiss, kann ich entwerfen. Es wird mich nachträglich keine Mühe kosten zu verstehen, was ich entworfen habe.

hdspv 2002

What do I need to know to be an architect?

I need to read the papers and try to understand what is happening in society. I will have a point of view on that. I need to examine the objects, places and buildings around me and try to understand why they are as they are. I will either like them or I will not.

I need to examine the objects, places and buildings that are considered to be special and try to understand why they are as they are and why they are considered to be special. I will either like them or I will not.

I must read and study: what is happening in society; the objects, places and buildings around me; the objects, places and buildings that are considered special; to verify, correct and expand on my initial impressions.

Then I need to try to forget all of this and do something different. I will not manage to do that. That is why I will have to continue to read and study, look at the newspapers and ever more objects, places and buildings until I know so much that I am free of what I know.
I can only design to the extent that I am free of what I know. Eventually I will easily be able to understand what it is I have designed.

hdspv 2002

11

Henk De Smet	1954	geboren in Brügge
	1979	Abschluss an der HSLI in Gent und Brüssel
	1979	Untersuchungen zum flämischen Barockarchitekten Pieter Huyssens
	1979–1982	Zusammenarbeit mit vzw Protos (Projectgroep voor Technische Ontwikkelingssamenwerking) an Wohnprojekten in Haiti
	1981–1988	Arbeit als selbstständiger Architekt
	1986	*Eternit Prize* für die Erweiterung der Zentrale von De Noordstar en Boerhaave, Gent
	seit 1989	Partnerschaft mit Paul Vermeulen
	1993–2005	Dozent für Entwurf am Fachbereich Architektur der KU Löwen
	seit 1995	Vorträge und Gastdozenturen an Architekturschulen in den Niederlanden, in Schweden, in Grossbritannien und in der Schweiz
	2003	Gründung des Ateliers für nachhaltiges Bauen am Fachbereich Architektur der KU Löwen
	seit 2006	Professor am Fachbereich Architektur der KU Löwen
	2007	Dozent bei Meesterproef, Vlaams Bouwmeester, Kortrijk
	1954	Born in Bruges
	1979	Graduated at the HSLI in Ghent and Brussels
	1979	Studies on the Flemish Baroque architect Pieter Huyssens
	1979–1982	Collaboration with vzw Protos (Projectgroep voor Technische Ontwikkelingssamenwerking) on housing projects in Haiti
	1981–1988	Freelance architect
	1986	*Eternit Prize* for the extension of the De Noordstar en Boerhaave headquarters, Ghent
	Since 1989	Partnership with Paul Vermeulen
	1993–2005	Lecturer in Design at the Department of Architecture, University of Leuven
	Since 1995	Lectures and Guest Lecturer at architectural schools in the Netherlands, Sweden, the United Kingdom and Switzerland
	2003	Founded the Studio for Sustainable Building at the Department of Architecture, University of Leuven
	Since 2006	Professor at the Department of Architecture, University of Leuven
	2007	Lecturer at Meesterproef, Vlaams Bouwmeester, Kortrijk

Paul Vermeulen	1962	geboren in Brügge
	1985	Abschluss am Fachbereich Architektur der KU Löwen
	1985–1988	Mitarbeit an Forschungsprojekten der KU Löwen in Bandung, Bangkok und Algier
	1986–1989	Architekturkritiker der Tageszeitung *De Standaard*
	seit 1986	Veröffentlichungen zur Architektur in verschiedenen Medien
	seit 1989	Partnerschaft mit Henk De Smet
	1991–1995	Dozent für Entwurf am Fachbereich Architektur der KU Löwen
	1994–2006	Professor für Architekturkritik am Fachbereich Architektur der KU Löwen
	1994–2000	Mitglied des Herausgebergremiums von *Archis*
	seit 1995	Vorträge und Gastdozenturen an Architekturschulen in den Niederlanden, in Schweden, in Grossbritannien, in Irland, in Belgien, in der Schweiz und in Deutschland
	2000–2006	Dozent für Entwurf am Fachbereich Architektur der KU Löwen
	2006–2014	Dozent für Entwurf an der TU Delft
	2007	Mitautor von *Moderne Tijden,* einer Aufsatzsammlung zur Architekturkritik (mit Maarten Delbeke und Christophe Van Gerrewey)
	Seit 2007	Leiter der Adviescommissie Bouwkundig Erfgoed, Ostende
	2010–2011	Leitung der Visitatiecommissie Antwerps Stadsbouwmeester (mit Linda Boudry)
	2011–2015	Leitung der Kwaliteitskamer Monumenten en Architectuur, Gent
	2011	Kulturpreis für Architektur der Flämischen Gemeinschaft in Belgien
	1962	Born in Bruges
	1985	Graduated in the Department of Architecture, University of Leuven
	1985–1988	Worked on research projects of the University of Leuven in Bandung, Bangkok and Algiers
	1986–1989	Architecture critic for the daily newspaper *De Standaard*
	Since 1986	Publications on architecture in various media
	Since 1989	Partnership with Henk De Smet
	1991–1995	Lecturer in Design at the Department of Architecture, University of Leuven
	1994–2006	Professor of Architectural Criticism at the Department of Architecture, University of Leuven

1994–2000	Member of the *Archis* Publishing Committee
Since 1995	Lectures and Guest Lecturer at architectural schools in the Netherlands, Sweden, the United Kingdom, Switzerland and Germany
2000–2006	Lecturer in Design at the Department of Architecture, University of Leuven
2006–2014	Lecturer in Design at the Delft University of Technology
2007	Co-author of *Moderne Tijden*, a collection of essays on architectural criticism (with Maarten Delbeke and Christophe Van Gerrewey)
Since 2007	Chairman, Adviescommissie Bouwkundig Erfgoed, Ostende
2010–2011	Chairman of the Visitatiecommissie Antwerps (with Linda Boudry) Stadsbouwmeester
2011–2015	Chairman of the Kwaliteitskamer Monumenten en Architectuur, Ghent
2011	Winner of the biennial Cultural Prize for Architecture of the Flemish Community in Belgium

Mitarbeiter/Collaborators (2016)

Anabel Houtekier, Peter Geens, Benjamin Eggermont, David Schelstraete, Ruth Kennivé, Joana Martins, Philine Vanrafelghem, Eva Capova, Bas Goethals, Katrien Vancroonenburg, Toon Vermeir

Mitarbeit am vorliegenden Buch
Book project collaboration

Benjamin Eggermont, Jana De Mulder, Bas Goethals, Eva Capova, Joana Martins

Mitarbeiter seit 1990 / Collaborators since 1990

Marleen Dilissen, Marleen Goethals, Bart Van Schuylenbergh, Axel Cayman, Tom Thys, Saskia Kloosterboer, Olivier Renard, Bieke Cattoor, Bart De Wilde, Diane Engels, Els Van Meerbeek, Karl Beelen, Jeroen Beerten, Bram Seghers, Nathalie Cruysweegs, Barbara Geens, Joost Raes, Petra Decouttere, Tine Van de Wiele, Nikolaj De Meulder, Eline Tavernier, Evelien Korte, Jana De Mulder

Praktika/Interships

Daniele Ganz, Geert Pauwels, Isabelle Dierickx, Michael Ryckewaert, Tom Louwette, Inge Buysse, Wesley Aelbrecht, Elke Goossens, Patricia Lopes Simões, Wim Bruneel, Sara Feskens, Laurens Dekeyser, Roxane Le Grelle, Jona Moereels

Ausstellungen/Exhibitions

1990–1991	Jonge Architecten in Vlaanderen, Stichting Architectuur Museum, Museum voor Sierkunst, Gent
1991	Jonge Architecten in Vlaanderen, Nederlands Architectuurinstituut, Rotterdam Architetti della Fiandra, Biennale di Venezia, belgischer Pavillon
1996	Henk De Smet & Paul Vermeulen, Kunstencentrum De Singel, Antwerpen Nouvelle Architecture en Flandre, Arc en Rêve Centre d'Architecture, Bordeaux De rijkdom van de eenvoud / L'éloge de la simplicité, Fondation pour l'Architecture, Brüssel
1998	Kortrijk 1990–2000: projecten voor een stad, Centrum voor Architectuur en Design, Kortrijk
2000	Parasites for Malmö, Danish Center for Architecture Gammel Dok, Kopenhagen, Galleri ROM, Oslo, The Architecture Foundation, London
2009–2010	Best of. Provinciale architectuurprijzen. Löwen, Antwerpen, Gent, Ypern, Alsemberg, Hasselt
2010	Kasbah: LABT, Design Biennale, Kortrijk
2011	LABT collectie, Galerie Surplus, Gent
2015	Carrousel, architecten de vylder vinck taillieu, ETH Zürich Stad Buiten Stad, Vlaams Architectuur Instituut, Antwerpen
2016	Utrecht Gezonde Stad, Internationale Architectuur Biënnale Rotterdam, Fenixloods, Rotterdam Bravoure, Biennale di Venezia, belgischer Pavillon

Auszeichnungen/Awards

1992	*Mies van der Rohe Award,* Nominierung (Haus K. in Z.)
2000	*Architectuurprijs van de Stad Leuven*, 2. Preis (Erweiterung des Landwirtschaftlichen Instituts, Heverlee)
2005	*Belgischer Architekturpreis* (VMM-Büro, Aalst) *Prijs Bouwheer* (Vlaams Bouwmeester; VMM-Büro, Aalst)
2014	*Belgischer Architekturpreis* (Kinderttagesstätte, IGLO, Antwerpen) *Prijs Wivina Demeester* (Vlaams Bouwmeester; IGLO, Antwerpen)

Bibliografie/Bibliography

1991 Geert Bekaert, «Jonge architecten in Vlaanderen», *Archis* 1
André Loeckx, «Prijsvragen voor stadsranden in Gent en Kortrijk». *Archis* 11
1993 Marcel Smets, «Huisvestingsproject voor Hollainkazerne in Gent», *Archis* 5
Marc Dubois, Belgio. Architettura, gli ultimi vent'anni. Electa, Mailand
Paul Vermeulen, «Bouwen in België. De stille generatie», in: Hilde Heynen (Hg.), Wonen tussen gemeenplaats en poëzie. Uitgeverij 010, Rotterdam
1994 Henk De Smet, Paul Vermeulen, «Uitbreiding van een woning, Deinze», in: Jaarboek Architectuur Vlaanderen 1990–1993, Brüssel
André Loeckx, «Architectuur en stedelijk wonen in Vlaanderen», in: Jaarboek Architectuur Vlaanderen 1990–1993, Brüssel
Emmanuel Doutriaux, «Flandre. La nouvelle génération. De Smet et Vermeulen», in: L'Architecture d'Aujourd'hui Nr. 292
Patrick Goditiabois, «Wedstrijd de Hollainkazerne te Gent, Een wedstrijd voor sociale huisvesting», in: A+ 127
1996 Emmanuel Doutriaux, «Reisindrukken», in: Jaarboek Architectuur Vlaanderen 1994–1995, Brüssel
Henk De Smet, Paul Vermeulen, «Woning De Smet-Claus», in: Jaarboek Architectuur Vlaanderen 1994–1995, Brüssel
Geert Bekaert, Hedendaagse architectuur in België, Lannoo, Tielt
Koen Van Synghel, «In defiance of architecture. The De Smet-Claus residence», in: *Archis* 4
Peter van Assche, «Einfamilienhaus De Smet-Claus in Aalst», in: Bauwelt, November
Henk De Smet, Paul Vermeulen, Resumptions, Compressions, Economy, De Singel, Antwerpen
1997 NN, «Stadsvernieuwing, Sint-Denijsstraat Zwevegemstraat Kortrijk. Uitbreiding Landbouwinstituut, Heverlee», in: Pierre Loze, Vlaanderen Nieuwe Architectuur. Prisme Editions, Brüssel
1998 Kelly Shannon, «Redesigning the Belgian Dream. Social housing in Belgium», in *Archis* 8
Steven Jacobs, «Urban Renewal and Social Housing», in: Jaarboek Architectuur Vlaanderen 1996–1997, Brüssel
Henk De Smet, Paul Vermeulen, «Character», in: Oase 49/50, Convention
Anton Graf, Einfamilienhäuser aus Backstein. Callwey Verlag, München
Marc Dubois, Liesbeth Melis, De compacte woning op prijs gesteld. Stichting Kunstboek, Brügge
1999 Irénée Scalbert, «Invention or convention?», in: Oase Conference, Delft 29.1.99 (unveröffentlicht)
Paul Vermeulen, «See, think, forget», in: *Archis* 9
Harm Tilman, «Stedenbouw in de non-stad. Vlaanderen worstelt met ruimtelijke ordening», in: De Architect, Dezember
Catharina Gabrielsson, «Flamländsk Arkitektur, en nostalgisk betraktelse», in: Mama Magasin För Modern Arkitektur Nr. 24
2000 Hans Ibelings, Francis Strauven, Zeitgenössische Architekten in den Niederlanden und in Flandern. Stichting Ons Erfdeel, Rekkem
Arthur Wortmann, «Two houses by De Smet Vermeulen and Wim Cuyvers», in: *Archis* 10
Dominique Pieters, «De heraanleg van het station van Leuven», in: A+ 164
2001 Mechthild Stuhlmacher, Rien Korteknie, The City of Small Things. Stichting Parasite Foundation, Rotterdam
De Smet Vermeulen, «Villa Braeckman-Staels, Sint-Martens-Latem», in: a+t Nr. 17 Memory (II) Memoria
N.N., Den Stora Skalan, Statens Konstråd. Stockholm o. J.
2002 Michael Ryckewaert, «Collectieve woningbouw in Vlaanderen», in: Jaarboek Architectuur Vlaanderen 2000–2001, Brüssel
André Loeckx, «Stedelijkheid, stedenbouw en stadsarchitectuur. De inzet van een pilootproject», in: Marcel Smets (Hg.), Tussen stad en spoor. Project Stationsomgeving Leuven. Ludion o. J.
Paul Vermeulen, «Countryside in the Nevelstad», in: Oase 60, Urban sm out of Town.
2003 Anne Van Loo (Hg.), Repertorium van de Architectuur in België 1830–2000. Mercatorfonds, Antwerpen

2004 N.N., Guide d'Architecture de la Métropole Lilloise. L'Agence Lille Métropole, Lille
Geert Bekaert, «Zeldzaam evenwicht. VMM Aalst», in: A+ 188
Hans van der Heijden, «Zelfverzekerde eigentijdsheid. Kantoorgebouw Vlaamse Milieumaatschappij in Aalst», in: De Architect, Juni
2005 De Smet Vermeulen, «Office Building for the Vlaamse MilieuMaatschappij», in NN, Belgium New Architecture 3. Prisme Editions, Brüssel
2006 Andreas K. Vetter, Moderne Giebelhäuser. Callwey Verlag, München
Caroline Goossens, «Kantoorgebouw Vlaamse Milieumaatschappij», in: Jaarboek Architectuur Vlaanderen 2004–2005, Brüssel
Lieven Sioen, «Bouwen met baksteen mag weer», in: De Standaard Magazine, 4.11.2006
Dieter Van den Storm, «Werken in hedendaagse architectuur. Licht, lucht & ruimte», in De Standaard Magazine, 18.11.2006
2007 Hans van der Heijden, «Kleur volgt functie. Voorpost in Wespelaar», in: De Architect, Dezember
Christophe Van Gerrewey, «Zwart en vuil. Kantoor Rendac», in: A+ 207
2008 Raf Snoeckx, «Atelierwoning Apostelhuizen», in: Jaarboek Architectuur Vlaanderen 2006–2007, Brüssel
N.N., De Standaard architectuurbibliotheek. 1000 jaar architectuur in België. Deel 2. Nieuwe eenvoud en hightech. Lannoo, Tielt
N.N., Arts Flanders 08. Compilation box. Flemish Architecture Institute, Antwerpen
Hans van der Heijden, Architectuur in de Kapotte Stad. Thoth, Bussum
Dirk Somers, «Etiquette», in: Oase 76 Context/Specificity
2009 Maarten Van Acker, «Bruggen bouwen», in: A+ 218
Sofie De Caigny, «Postlofts Brussel», in: Karina Van Herck, Bruno De Meulder (Hgg.), Wonen in Meervoud. Groepswoningbouw in Vlaanderen 2000–2010. SUN, Amsterdam
Jens Aerts, «Halle Nederhem. A Vision! And what now?», in: André Loeckx (Hg.), Framing Urban Renewal in Flanders. SUN, Amsterdam
Rob Cuyvers, «The city is growing in New Zurenborg», in: André Loeckx (Hg.), Framing Urban Renewal in Flanders, ebd.
Hans Ibelings, Designing for the Public. Flemish Government Architect 1999–2009. SUN, Amsterdam
2010 Hans Ibelings «Architecture and conventions. Designing mute objects of expression», in: Hans Ibelings, Kirsten Hannema (Hgg.) New European Architecture Nr. 09, A10 & SUN, Amsterdam, 2009
Frits Palmboom, Drawing the Ground: Landscape Urbanism Today. The Work of Palmbout Urban Landscapes. Birkhäuser Verlag AG, Basel/Berlin
Maureen Heyns, «Bescheiden blikvanger», in: A+ 221
Christophe van Gerrewey, «De schande van de architectuur», in: A+ 222
2011 Sofie de Caigny, «De blik scherpgesteld», in: A+ 228
Audrey Contesse, «Besirks-Gesundheitszentrum», in: Werk, Bauen + Wohnen Nr. 7–8
Christophe van Gerrewey, «Eindelijk succes? Architectuur in Vlaanderen Anno 2011», in Ons Erfdeel, August
Elien Haentjens, «Schrijvende architect krijgt Cultuurprijs», in: Knack Weekend Nr. 41
2012 Paul Vermeulen, «Dankwoord», in: A+ 233
Audrey Contesse, «De Smet Vermeulen architecten», in: A+ 233
André Loeckx, Els Vervloesem, «Architecture for Urban Renewal», in: Architectural Review Flanders Nr. 10. Vlaams architectuur instituut, Antwerpen
Dirk Somers, «Commonplace and classicism», in: Architectural Review Flanders Nr. 10, ebd.
Maarten Delbeke, «The façade in the city», in: Architectural Review Flanders Nr. 10, ebd.
Bert Verbeke, «Wijkgezondheidscentrum De Brugse Poort: een gebouw in een park», in: Achitectura.be 29. November
2013 De Smet Vermeulen, «Strategische projecten: een kans voor Havenwijk in Leiden», in Henk Engel, Endry van Velzen, Olof van de Wal, Vernieuwing van de stadsvernieuwing. Pleidooi voor ontwerpkracht. Trancityxvaliz, Almere
Gideon Boie, «Architectural Assymmetries», in: Ana Jeinic, Anselm Wagner (Hgg.), Is there Anti-Neoliberal Architecture? Jovis Verlag. Berlin
2014 Henk Engel, «Renewal of the urban renewal», in: Roberto Cavallo u. a. (Hgg.), New Urban Configurations. IOS Press, Amsterdam

2014 Harm Tilman, «Werken in de bestaande stad», in: De Architect, Februar
David Keuning, «No place like home», in: Mark, April–Mai
Arnaud Tandt, «Architectuur is bottom up urbanism», in: NAV News Nr. 72
Christophe van Gerrewey, Architectuur België. 25 jaar in 75 projecten. Lannoo, Tielt
De Smet Vermeulen, «An intergenerational project for Antwerp's Linkeroever district», in: Overholland 14/15. Vantilt, Nijmegen
Paul Vermeulen, «Open books. Ana Torfs' Cinoc», in: Art by Commission 2006–2013. Kunstcel Vlaams Bouwmeester, Brüssel
Katrien Embrechts, Esther Jacobs, «The in-between city: a new design task», in: Architectural Review Flanders Nr. 11. Vlaams architectuur instituut, Antwerpen
De Smet Vermeulen, «Garden annex sits on the edge of an orchard», in: Dezeen, 6. Dezember

2015 Sonja Vanblaere u. a., M&L Monumenten & Landschappen, Sondernummer: Maagdentoren
De Smet Vermeulen, «House in Burst», in: Archdaily, 26. Juni
Agnes Mus, «Villa's in de stad», in: De Standaard, 4.–5. April
Paul Vermeulen, «Steden worden te snel doodverklaard», in: A+ 255
Paul Vermeulen, Philippe Viérin, «Twaalf aanbevelingen. Herbestemming van kerken», in: A+ 257

2016 Hugh Strange, «Maagdentoren Zichem», in: Building Design, Januar 2016, London
Axel Sowa, «Schafherde zwischen Riesen. Das ‹Linke Ufer› als städtebauliches Experimentierfeld», in: Werk, Bauen + Wohnen Nr. 3
Marleen Goethals, Paul Vermeulen, «Social space under construction: Urban renewal in Broek, Vilvoorde», in: Oase 96, Social Poetics

Finanzielle und ideelle Unterstützung
Financial and conceptual support

Ein besonderer Dank gilt den Institutionen und Sponsorfirmen, deren finanzielle Unterstützungen wesentlich zum Entstehen dieser Buchreihe beitragen. Ihr kulturelles Engagement ermöglicht ein fruchtbares und freundschaftliches Zusammenwirken von Baukultur und Bauwirtschaft.

Special thanks to our sponsors and institutions whose financial support has helped us so much with the production of this series of books. Their cultural commitment is a valuable contribution to fruitful and cordial collaboration between the culture and economics of architecture.

Flanders State of the Art

Denys NV, Wondelgem

Accountantskantoor Dirk Peck, Aarsele

Eternit NV, Kapelle-op-den-Bos

Febelcem, Brüssel

Petersen Benelux BV, Duiven

Rockwool BV/rockfon, Roermond

Tractebel Engineering NV, Gent

Quart Verlag Luzern / Quart Publishers Lucerne

De aedibus international

12 De Smet Vermeulen architecten (de/en und nl/fr)
11 Uwe Schröder (de/en)
10 Stephen Taylor Architects (de/en)
9 Titus Bernhard Architekten (de/en)
8 Dietrich|Untertrifaller (de/en)
7 Geurst & Schulze Architecten (de/en)
6 Wingender Hovenier Architecten (de/en)
5 Tony Fretton Architects (de/en)
4 Jonathan Woolf Architects (de/en)
3 Hufnagel Pütz Rafaelian (de/en)
2 Hild und K (de/en)
1 Stanton Williams (de/en)

Monografien/Monographs

Graber & Steiger. Bauten und Projekte 1995–2015 (de)
Vincent Mangeat. Logos & Faber (de/en/fr)
Sergison Bates architects (de und en)
Peter Kunz. Bauten (de/en)
Miroslav Šik. Architektur 1988–2012 (de/en)
Valerio Olgiati (de und en)
Burkard Meyer. Konkret/Concrete (de/en)
Gion A. Caminada. Cul zuffel e l'aura dado (de/en)
Bearth & Deplazes. Konstrukte/Constructs (de/en; vergriffen / out of stock)

Quart Verlag GmbH, Heinz Wirz; Verlag für Architektur und Kunst
Denkmalstrasse 2, CH-6006 Luzern; books@quart.ch, www.quart.ch